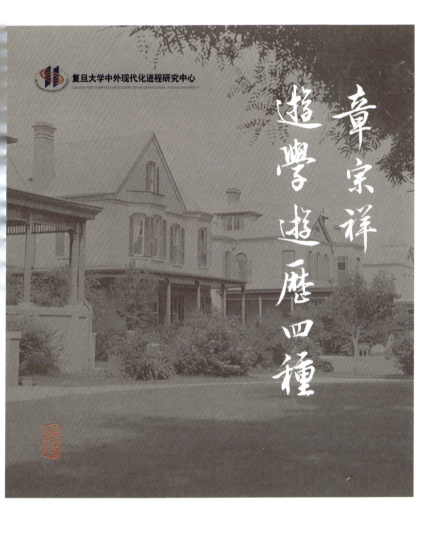

復旦大學中外現代化進程研究中心

CENTER FOR COMPARATIVE STUDIES OF MODERNIZATION · FUDAN UNIVERSITY

近代中外交涉史料叢刊

章宗祥 遊學遊歷四種

韓策 整理

近代中外交涉史料丛刊
第二辑

复旦大学中外现代化进程研究中心　主编
编委会成员（以姓氏拼音排序）

本辑执行主编：戴海斌

章宗祥小照

章宗祥（右）与汪大燮合影

《日本游学指南》书影

章宗祥与外国使节合影

总　序

　　梁启超在20世纪初年撰《中国史叙论》,将乾隆末年至其所处之时划为近世史,以别于上世史和中世史。此文虽以"中国史叙论"为题,但当日国人对于"史"的理解本来就具有一定的"经世"意味,故不能单纯以现代学科分类下的史学涵盖之。况且,既然时代下延到该文写作当下,则对近世史的描述恐怕也兼具"史论"和"时论"双重意义。任公笔下的近世史,虽然前后不过百来年时间,但却因内外变动甚剧,而不得不专门区分为一个时代。在梁启超看来近世之中国成为了"世界之中国",而不仅仅局限于中国、亚洲的范围,其原因乃在于这一时代是"中国民族连同全亚洲民族,与西方人交涉竞争之时代"。不过,就当日的情形而论,中国尚处于需要"保国"的困境之中,遑论与列强相争;而面对一盘散沙、逐渐沦胥的亚洲诸国,联合亦无从说起,所谓"连同"与"竞争"大抵只能算作"将来史"的一种愿景而已。由此不难看出,中国之进入近世,重中之重实为"交涉"二字。

　　"交涉"一词,古已有之,主要为两造之间产生关系之用语,用以表示牵涉、相关、联系等,继而渐有交往协商的意思。清代以前的文献记载中,鲜有以"交涉"表述两个群体之间的关系者。有清一代,形成多民族一统的大帝国,对境内不同族群、宗教和地域的治理模式更加多元。当不同治理模式下的族群产生纠纷乃至案件,或者有需要沟通处理之事宜时,公文中便会使用"交涉"字眼。比如"旗民交涉"乃是沟通满人与汉人,"蒙民交涉"或"蒙古民人交涉"乃是沟通蒙古八旗与汉人,甚至在不同省份或衙门之间协调办理相关事务时,也使用了这一词汇。乾隆中叶以降,"交涉"一词已经开始出现新的涵义,即国与国之间的协商。这样的旧瓶新酒,或许是清廷"理藩"思维的推衍与惯性使然,不过若抛开朝贡宗藩的理念,其实质与今日国际关系范畴中的外交谈判并无二致。当日与中国产生"交涉"的主要是陆上的邻国,包括此后被认为属于"西方"的沙俄,封贡而在治外的朝鲜与服叛不定的缅甸等国。从时间上来看,"交涉"涵义的外交化与《中国史叙论》中的"乾隆末年"基本相合——只是梁启超定"近世史"开端时,心中所念想必是马嘎尔尼使华事件,不过两者默契或可引人深思。

道光年间的鸦片战争,深深改变了中外格局,战后出现的通商口岸和条约体制,致使华洋杂处、中外相联之势不可逆转。故而道咸之际,与"外夷"及"夷人"的交涉开始增多。尤其在沿海的广东一地,因涉及入城问题等,"民夷交涉"蔚然成为一类事件,须由皇帝亲自过问,要求地方官根据勿失民心的原则办理。在《天津条约》规定不准使用"夷"字称呼外人之前一年,上谕中也已出现"中国与外国交涉事件"之谓,则近百年间,"交涉"之对象,由"外藩"而"外夷",再到"外国",其中变化自不难体悟。当然,时人的感触与后见之明毕竟不同,若说"道光洋艘征抚"带来的不过是"万年和约"心态,导致京城沦陷的"庚申之变"则带来更大的震慑与变化。列强获得直接在北京驻使的权力,负责与之对接的总理衙门成立,中外国家外交与地方洋务交涉进入常态化阶段。这是当日朝廷和官员施政新增的重要内容。因为不仅数量上"中外交涉事件甚多","各国交涉事件甚繁",而且一旦处置不当,将造成"枝节丛生,不可收拾"的局面,所以不得不"倍加慎重",且因"办理中外交涉事件,关系重大",不能"稍有漏泄",消息传递须"格外严密"。如此种种,可见从同治年间开始,"中外交涉"之称逐渐流行且常见,"中外交涉"之事亦成为清廷为政之一大重心。

在传统中国,政、学之间联系紧密,既新增"交涉"之政,则必有"交涉"之学兴。早在同治元年,冯桂芬即在为李鸿章草拟的疏奏中称,上海、广州两口岸"中外交涉事件"尤其繁多,故而可仿同文馆之例建立学堂,往后再遇交涉则可得此人才之力,于是便有广方言馆的建立。自办学堂之外,还需出国留学,马建忠在光绪初年前往法国学习,所学者却非船炮制造,而是"政治交涉之学"。他曾专门写信回国,概述其学业,即"交涉之道",以便转寄总理衙门备考。其书信所述主要内容,以今天的学科划分来看大概属于简明的国际关系史,则不能不旁涉世界历史、各国政治以及万国公法。故而西来的"交涉之学"一入中文世界,则与史学、政教及公法学牵连缠绕,不可区分。同时,马建忠表示"办交涉者"已经不是往昔与一二重臣打交道即可,而必须洞察政治气候、国民喜好、流行风尚以及矿产地利、发明创造与工商业状况,如此则交涉一道似无所不包,涵纳了当日语境下西学西情几乎所有内容。

甲午一战后,朝野由挫败带来的反思,汇成一场轰轰烈烈的变法运动,西学西政潮水般涌入读书人的视野。其中所包含的交涉之学也从总署星使、疆臣关道处的职责攸关,下移为普通士子们学习议论的内容。马关条约次年,署理两江的张之洞即提出在南京设立储才学堂,学堂专业分为交涉、农政、工艺、商务四大类,其中交涉类下又有律例、赋税、舆图、翻书(译书)之课程。在张之洞的设计之中,交涉之学专为一大类,其所涵之广远远超过单纯的外交领域。戊戌年,甚至有人提议,在各省通商口岸无论城乡各处,应一律建立专门的"交涉学堂"。入学后,学生所习之书为公法、约章和各国法律,接受交涉学的基础教育,学成后再进入省会学堂进修,以期能在相关领域有所展布。

甲午、戊戌之间,内地省份湖南成为维新变法运动的一个中心,实因官员与士绅的协力。盐法道黄遵宪曾经两次随使出洋,他主持制定了《改定课吏馆章程》,为这一负责教育候补官员和监督实缺署理官员自学的机构,设置了六门课程:学校、农工、工程、刑名、缉捕、交涉。交涉一类包括通商、游历、传教一切保护之法。虽然黄遵宪自己表示"明交涉"的主要用意在防止引发地方外交争端,避免巨额赔款,但从课程的设置上来看包含了商务等端,实际上也说明即便是内陆,交涉也被认为是地方急务。新设立的时务学堂由梁启超等人制定章程,课程中有公法一门,此处显然有立《春秋》为万世公法之意。公法门下包括交涉一类,所列书目不仅有《各国交涉公法论》,还有《左氏春秋》等,欲将中西交涉学、术汇通的意图甚为明显。与康梁的经学理念略有不同,唐才常认为没必要因尊《公羊》而以《左传》为刘歆伪作,可将两书分别视为交涉门类中的"公法家言"和"条例约章",形同纲目。他专门撰写了《交涉甄微》一文,一则"以公法通《春秋》",此与康梁的汇通努力一致;另外则是大力鼓吹交涉为当今必须深谙之道,否则国、民利权将丧失殆尽。在唐才常等人创办的《湘学报》上,共分六个栏目,"交涉之学"即其一,乃为"述陈一切律例、公法、条约、章程,与夫使臣应付之道若何,间附译学,以明交涉之要"。

中国传统学问依托于书籍,近代以来西学的传入亦延续了这一方式,西学书目往往又是新学门径之书。在以新学或东西学为名的书目中,都有"交涉"的一席之地。比如《增版东西学书录》和《译书经眼录》,都设"交涉"门类。两书相似之处在于将"交涉"分为了广义和狭义两个概念,广义者为此一门类总名,其下皆以"首公法、次交涉、次案牍"的顺序展开,由总体而个例,首先是国际法相关内容,其次即狭义交涉,则为两国交往的一些规则惯例,再次是一些具体个案。

除"中外交涉"事宜和"交涉之学"外,还有一个表述值得注意,即关于时间的"中外交涉以来"。这一表述从字面意思上看相对较为模糊,究竟是哪个时间点以来,无人有非常明确的定义。曾国藩曾在处理天津教案时上奏称"中外交涉以来二十余年",这是以道光末年计。中法战争时,龙湛霖也提及"中外交涉以来二十余年",又大概是指自总理衙门成立始。薛福成曾以叶名琛被掳为"中外交涉以来一大案",时间上便早于第二次鸦片战争。世纪之交的1899年,《申报》上曾有文章开篇即言"中外交涉以来五十余年",则又与曾国藩所述比较接近。以上还是有一定年份指示的,其他但言"中外交涉以来"者更不计其数。不过尽管字面上比较模糊,但这恰恰可能说明"中外交涉以来"作为一个巨变或者引出议论的时间点,大约是时人共同的认识。即道咸年间,两次鸦片战争及其后的条约框架,使得中国进入了一个不得不面对"中外交涉"的时代。

"交涉"既然作为一个时代的特征,且历史上"中外交涉"事务和"交涉"学又如上所述涵纳甚广,则可以想见其留下的相关资料亦并不在少数。对相关资料进行编撰和整理的工作,其实自同治年间即以"筹办夷务"的名义开始。当然《筹办夷务始末》的主要编撰意图在于整理陈案,对下一步外交活动有所借鉴。进入民国后,王彦威父子所编的《清季外交史料》则以"史料"为题名,不再完全立足于"经世"。此外,出使游记、外交案牍等内容,虽未必独立名目,也在各种丛书类书中出现。近数十年来,以《清代外务部中外关系档案史料丛编》《民国时期外交史料汇编》《走向世界丛书》(正续编)以及台湾近史所编《教务教案档》《四国新档》等大量相关主题影印或整理的丛书面世,极大丰富了人们对近代中外交涉历史的了解。不过,需要认识到的是,限于体裁、内容等因,往往有遗珠之憾,很多重要的稿钞、刻印本,仍深藏于各地档案馆、图书馆乃至民间,且有不少大部头影印丛书又让人无处寻觅或望而生畏,继续推进近代中外交涉相关资料的整理、研究工作实在是有必要的,这也是《近代中外交涉史料丛刊》的意义所在。

这套《丛刊》的动议,是在六七年前,由我们一些相关领域的年轻学者发起的,经过对资料的爬梳,拟定了一份大体计划和目录。复旦大学中外现代化进程研究中心的章清教授非常支持和鼓励此事,并决定由中心牵头、出资,来完成这一计划。以此为契机,2016年在复旦大学召开了"近代中国的旅行写作、空间生产与知识转型"学术研讨会,2017年在四川师范大学举办了"绝域轺轩:近代中外交涉与交流"学术研讨会,进一步讨论了相关问题。上海古籍出版社将《丛刊》纳入出版计划,胡文波、乔颖丛、吕瑞锋等编辑同仁为此做了大量的工作。2020年7月,《近代中外交涉史料丛刊》第一辑十种顺利刊行,荣获第二十三届华东地区古籍优秀图书一等奖。《丛刊》发起参与的整理者多为国内外活跃在研究第一线的高校青年学者,大家都认为应该本着整理一本、深入研究一本的态度,在工作特色上表现为整理与研究相结合,每一种资料均附有问题意识明确、论述严谨的研究性导言,这也成为《丛刊》的一大特色。

2021 年 11 月、2024 年 6 月,由复旦大学中外现代化进程研究中心与复旦大学历史学系联合举办的"钩沉与拓展:近代中外交涉史料丛刊"学术工作坊、"出使专对:近代中外关系与交涉文书"学术工作坊相继召开,在拓展和推进近代中外关系史研究议题的同时,也进一步扩大充实了《丛刊》整体团队,有力推动了后续各辑的筹备工作。《丛刊》计划以十种左右为一辑,陆续推出,我们相信这将是一个长期而有意义的历程。

这一工作也是国家社科基金重大项目《晚清外交文书研究》(23&ZD247)、教育部人文社科重点基地重大项目《全球性与本土性的互动:近代中国与世界》(22JJD770024)的阶段性成果。

整理凡例

一、本《丛刊》将稿、钞、刻、印各本整理为简体横排印本,以方便阅读。

二、将繁体字改为规范汉字,除人名或其他需要保留之专有名词外,异体、避讳等字径改为通行字。

三、原则上保持文字原貌,尽量不作更改,对明显讹误加以修改,以〔 〕表示增字,以( )表示改字,以□表示阙字及不能辨认之字。

四、本《丛刊》整理按照国家标准标点符号用法,进行标点。

五、本《丛刊》收书类型丰富,种类差异较大,如有特殊情况,由该书整理者在前言中加以说明。

目　录

前　言

　　章宗祥(1879—1962),字仲和,号任阙斋主人,浙江湖州府乌程县荻港镇人,生于上海,长在苏州,清末廪贡生。1896 年曾在上海做过马建忠幼子马凤保的家庭教师。[①] 翌年,与乃父章祖佑及哲兄章宗元在四马路惠福里创办了《白话演义报》,受到郑孝胥、梁启超的关注和赞赏。[②] 随后入盛宣怀创办的南洋公学读书。1898 年冬,由南洋公学选派留学日本,先后入日华学堂、东京第一高等学校和东京帝国大学法科学习,1903 年毕业,获选科文凭。[③] 留日期间,曾参加励志会、译书汇编社的活动,出任东京留学生会馆干事,为学生领袖。[④]

　　1903 年章宗祥回国入京之日,正是清末新政逐渐展开之时。章氏遂深度参与了教育、法制和立宪等多项重要活动。由于"每逢

---

① 章宗祥:《任阙斋主人自述》,载全国政协文史资料委员会编:《文史资料存稿选编》第 24 册,中国文史出版社,2002 年,第 915—922 页。

② 《白话演义报》,《申报》1897 年 10 月 26 日,广告版。是年十月二十九日,郑孝胥曾访问过该报馆:"过演义报馆,主之者浙人章菊生(即章宗祥之父章祖佑)及其二子也。"劳祖德整理:《郑孝胥日记》第 2 册,中华书局,1993 年,第 630 页。《蒙学报演义报合叙》(1897),梁启超:《饮冰室合集·文集之二》,中华书局,1989 年,第 57 页。

③ 章宗祥:《任阙斋主人自述》,第 922—934 页。

④ 实藤惠秀著,谭汝谦、林启彦译:《中国人留学日本史》,北京大学出版社,2012 年修订译本,第 120、138 页。又参见章宗祥:《任阙斋主人自述》,第 930—931 页。

新政,无役不从,议论最多",章宗祥还与三位留日学生汪荣宝、曹汝霖、陆宗舆以"四大金刚"而闻名。① 据第一历史档案馆所藏章宗祥 1908 年的一份履历单,也可以比较准确地了解到他当时职务的繁忙和受到的重视。

二十九年(1903)毕业回国,充大学堂仕学馆、进士馆教习。三十年二月充法律馆纂修官兼协理提调。三十一年二月经商部奏保,以主事在部学习。三十二年二月充商务官报局提调,九月派充考察政治馆行走,是月由查办东三省事件大臣奏充随员。三十三年五月经农工商部奏留,候补主事,七月经民政部调用,派充则例局提调,并参议上行走,八月预保堪胜参议,十月经法律馆奏调,派充总纂,是月经宪政编查馆奏充编制局副局长,十一月奏署民政部参事。三十四年(1908)二月,奏补民政部参事,是月奏充资政院帮办事务。②

1909 年 4 月,章宗祥擢任民政部内城巡警总厅厅丞。汪荣宝喜谓:"留学生之离议论界而入办事界自此始。"迨至 1911 年 5 月清朝成立责任内阁后,章宗祥升任内阁法制院副使。而此前 1911 年 1 月,章宗祥已奉命赴德国参加万国卫生会议,顺便考察欧洲各国法政。当他 10 月 4 日回国抵京之日,距武昌首义仅剩 6 日。随

---

① 曹汝霖:《曹汝霖一生之回忆》,中国大百科全书出版社,2009 年,第 62 页。杨琥编:《宪政救国之梦:张耀曾先生文存》,"求不得斋日记",法律出版社,2004 年,第 272 页。
② 《呈资政院帮办章宗祥履历单》(1908),中国第一历史档案馆藏,档号: 04 - 01 - 30 - 0069 - 046。

后南北议和,章宗祥作为北方代表之一,于12月9日南下。① 1912
年民国成立后,章宗祥历任国务院法制局长、大理院长、司法总长,
并曾兼署农商总长、教育总长,颇受袁世凯重用。1916年袁氏去
世后,章宗祥出任驻日公使;所著《东京之三年》早在民国时期就
经王芸生在名著《六十年来的中国与日本》中引用讨论,后由《近
代史资料》全文刊发,为人熟知。1919年章宗祥回国述职,旋遭遇
五四运动,声名扫地。总之,章宗祥是清末民初继沈家本之后,中
国法制近代化过程中的核心人物,在教育和外交方面亦有影响,值
得研究,②其相关文献也颇有整理之价值。

本书收入章宗祥所撰《日本游学指南》《游学日本小史》《考察
欧洲法政小篇》和《任阙斋东游漫录》,故取名《章宗祥游学游历四
种》,现分别简介如下:

《日本游学指南》,系光绪二十七年(1901)夏,章宗祥应上海
育材学堂堂长王培荪之约,为劝导国人游学日本而撰。章宗祥当
时求学于日本东京帝国大学法科,在日已近三年,为学生领袖,熟
悉相关情形。他"搜集日本学校诸书,并考察日本游学之情形,现
已有实验者",编成此书,分游学之目的、年限、经费、方法四章,另
有自序和绪论,系统介绍了彼时留学日本的方方面面。一经出版,
风靡一时,郑孝胥等许多士人都看过此书,对当时的留日热潮所起
的推动作用,可以想见。③ 后来研究清末留日问题的学者,自实藤

① 韩策、崔学森整理:《汪荣宝日记》,中华书局,2013年,第21、237、303、324页。
② 章宗祥在法律和教育方面的新近研究,可参见韩策:《派系分合与民初司法界的改
造》,《历史研究》2020年第1期;《师乎? 生乎? 留学生教习在京师大学堂进士馆
的境遇》,《清华大学学报》2013年第3期。
③ 劳祖德整理:《郑孝胥日记》第2册,第814页。夏晓红:《阅读梁启超》,生活·读
书·新知三联书店,2006年,第280页。徐佳贵:《乡国之际:晚清温州府士与
地方知识转型》,复旦大学出版社,2018年,第447页。

惠秀以来，也多引用此书，故此书颇有史料和研究价值。该书目前既无影印本，更无标点本。本次以北京大学图书馆古籍部所藏1901年铅印本为底本，进行标点整理。

《游学日本小史》，系章氏自述其留学日本的情形，娓娓道来，记录详尽，颇有价值。此次整理，文字部分录自章宗祥的《任阙斋主人自述》(收在《文史资料存稿选编》第24册)，并对文字和标点有所校订，酌加注释。

《考察欧洲法政小篇》，包括《法国内阁政治说略》《英国内阁制度概论》《考察德意志帝国政治撷要》《考察普鲁士政治撷要》《考察萨克森政治撷要》(附录《萨克森行政各部职掌概要》)《考察特来斯顿警政纪略》《考察柏林警政纪略》，共七篇。章宗祥曾在首篇《法国内阁政治说略》之前，撰有小序，可据以了解各篇的渊源。他说：

> 岁在辛亥(1911)，余以万国卫生博览会事赴德，顺道周历各国，考察其政治、法律。所至辄浼留学是邦诸彦为之搜辑材料，所得颇夥。归国倥偬，未暇整理。今拟略加别择，编辑成书，以不限体例，不分次序，故名曰"法政小篇"，冀饷同志。适《法学会杂志》赓续出版，乃先按期付印，一俟积成卷帙，更当刊本单行。此《法国内阁政治说略》，系钱君泰所编译。脱稿后，托王君继曾携归，偶于途次遗失，而钱君亦未留原稿，致烦重为编译，于一月前甫自邮至。余以其足为我国政治家参考者良多，因首刊之。章宗祥志。[①]

---

① 《法国内阁政治说略》(法政小篇之一)，《法学会杂志》第1卷第1号(1913年2月15日)，第33页。

此次整理,文字部分系从北京大学图书馆藏民初《法学会杂志》中辑录,并加标点。

《任阙斋东游漫录》写于 1928 至 1929 年,铅字印刷,无出版社信息,可能是章宗祥自印本。它详细记录了章宗祥担任驻日公使期间(1916—1919)的所见所闻及友人交际情况,间有回忆和议论,恰可与《东京之三年》(《近代史资料》总 38 号,1979 年)互补,可为北洋时期中日关系、历史人物及日本历史文化的研究提供史料。2020 年,我据国家图书馆藏缩微胶卷整理,在《近代史资料》总 142 号刊出,此次经校订后,收入本书。

最后,章宗祥致吴稚晖、吴笈孙信函各一通,前者关于日本游学,后者关于欧洲游历,因主题契合,故一并收入作为附录。

韩　策

2024 年 9 月 3 日于北大燕北园

日本游学指南[①]

序

岁戊戌，日本政府始倡招吾国留学生之议。其时浙江最先来，而南洋及湖北次之，北洋又次之。数年以来，各省续派者踵至，而有志之士自备学费来东者，复前后相继。盖游学日本之益、之便，夫人知之矣。去岁之变，吾国势益不可支，内地志士知游学之不可缓，连袂东渡者日益多，而以伏处乡里，未知外洋情形，因而阻足者，亦复不少。吾友王君培孙[①]，方理沪上育材学堂事，仿日本中学校订普通课程，以劝游学，遗书与余曰：子在日本久，盍举日本游学之事，详细书之，汇为一编，以为后继者导？余诺之。会校课丛集，未暇及也。暑假后，诸同学类多言归者，余留东无事，乃搜集日本学校诸书，并考察日本游学之情形，现已有实验者，书为小篇，略就所知者，以告吾国同志而已，非所敢陈于大雅也。光绪二十七年六月乌程章宗祥记于丸山旅舍，时留学日本东京帝国法科大学。

---

① 即王植善。

凡　例[①]

一、是书仿东京游学案内之例编纂成书，分为四章，首尾附绪论、结论，读者可以一目了然。

二、是书所载专取其关系于吾国游学者一一殚述，馀概从略。

三、末附重要各学校章程，均吾国人已肄业有成效者，吾国在学人数亦略记之，匆促之间，不及遍查，或未免有遗漏错误之处，读者亮之。

四、是书以说明为主，文体雅驯在所不计，读者亮之。

五、是书仓卒告成，遗漏尚多，增广缉补，当俟诸他日。编者识。

---

① "凡例"五则，原文排序均为"一"，今酌改为一至五。

引用书目

《东京帝国大学一览》

《第一高等学校一览》

《全国高等学校校规校则便览》

《高等商业学校一览》

《东京工业学校一览》

《东京专门学校规则要览》

《高等师范学校一览》

《高等师范学校附属规则》

《农商务省蚕业讲习所规则》

《东京游学案内三种》

《普通读书案内》

《旅行案内》

《学术断修法》

《日本军事教育编》

《日本学校章程一览》

绪 论

    游学之事,非始于今日。锁国时代,南人学于北者,即谓之游学。近世各国交通,乃有游学外国之事。游学之益何在?曰:人有恒言:"百闻不如一见",欲取他国之长,以补吾国之短,非亲历其境,不能得其益也。日本维新元勋若伊藤侯等,其始皆学于外国,吸取其文明,归而散之其国,遂成今日之富强。近年日本游学外国者,总计官费、自费,年复不少。其尤盛者,有富室岩崎某,其子弟七八人,自最稚者以外,悉游学各国,无一家居者。其知己国之不足,而热心以效他国之长若是。以日本今日,已足介于列强,相与并存,而其国人向学,尚如此其盛。何况吾国于所谓新学问者,尚在最幼稚之时代。然则有志之士,宁可复蜷居乡里,以终吾世耶?

    然而游学之事,亦不大易言。凡天下之理,自最下层欲一跃而至于最上层,鲜有不踬者。欧美各国之文明,以今日之吾国视之,其相去盖不可以道里计,故吾之游学于彼,则所谓自最下层而欲至最上层耳。吾国今日之程度,非得一桥,以为过渡之助,未见其能几也。今日之日本,其于吾国之关系,则犹桥耳。数十年以后,吾国之程度,积渐增高,则欧美各国,固吾之外府也。为今之计,则莫如首就日本。文字同,其便一;地近,其便二;费省,其便三。有此三便，而又有当时维新之历史，足为东洋未来国之前鉴。故赀本一而利十者，莫游学日本若也。又况数年以来，东游之效，已有实验可征。吾国有志之士，大之为国，小之为己，其有奋然而起者欤。

第一章　游学之目的

目的者何,犹言志之所在也。凡事之最先著为目的,有目的而后有种种行为,譬之于射,必有鹄以为之的,而后矢随之而发,故无目的之人,不足与言学。凡目的未定之前,则以定目的为第一义,既定之后,则宜讲求达此目的之方法与坚持此目的之道,是为第二第三义。今分为三节说明之。

第一节　选择

凡世界愈文明,则事愈烦,欲蒙昧,则事愈简。学问之道亦然。未开之国,科学最寡,譬之吾国,讲中学者,仅言诗文小楷,讲西学者,仅言语言文字,简孰甚矣。既开之国,则无一不列为科学,即至一技之微,吾国士人所不屑道者,而学校中乃设专科以教之。故求学于蒙昧之国,如作墨卷,千篇一例,后进者,第盲从先进者,已可毕其一生之事。故其道易。求学于文明之国,则如置身百花园中,万紫千红,醉心夺目,非富于判决力,则恐无所措其手足。故其道难。

今试就日本各学校所定学科,择其重要课目,摘录如左。读者于此,亦可得其一斑焉。

甲种

第一法学,分为二类:

甲、法律学科,其课目如左:

　　宪法、行政法、民法、商法、刑法、民事诉讼法、刑事诉讼法、破产法、国际公法、国际私法、罗马法、英吉利法、法兰西法、德意志法。

乙、政治学科,其课目如左:

　　宪法、经济学、经济学史、经济史、财政学、统计学、国法学、政治学、政治史、行政法、国际公法、国际私法、法制史、比较法制史、法理学、民法、商法、刑法总论

第二文学,分为九类:

甲、哲学科,其课目如左:

　　哲学概论、东洋哲学史、西洋哲学史、东洋哲学(一:佛教哲学;二:支那哲学)、社会学、论理学、心理学、伦理学、教育学、美学及美术史、英语、德语、法语(英、法、德三国中各专一门而止,听人自择)。

乙、国文学科,从略。

丙、汉文学科,从略。

丁、国史科,从略。

戊、史学科,其课目如左:

　　史学及地理学、国史、支那史及支那法制史、古文书学、年代学、教育学、哲学概论、英语、法语、德语(同前)。

己、言语学科,其课目如左:

　　言语学、声音学、国语学、腊丁语、希腊语、德语、法语、支那

语、朝鲜语、梵语、罗马语及秋通语比较文法、印度语及欧罗巴语比较文法、人类学、教育学、哲学概论。

庚、英文学科,其课目如左:

哲学概论、西洋哲学史、东洋哲学史、近世西洋文学史、声音学、腊丁语、英语、法语、德语、罗马语及秋通语比较文法、美学及美术史、教育学、史学、国文学、汉文。

辛、法文学科,其课目与前略同,从略。

壬、德文学科,其课目与前略同,从略。

第三工学,分为九类:

甲、土木工学科,其课目如左:

数学、应用力学、物力学、蒸汽机关、机械学、水力机、地质学、施工法、铁道、桥梁、道路、河海工学、卫生工学、家屋构造、测地学、地震学、工艺经济学、土木行政法、实地测量、意匠及制图、实地演习。

乙、机械工学科,其课目如左:

机械制造法、造船学、机械工学、舶用机关、电气工学、制造冶金学、火兵论、工艺经济学、实地演习(其余自数学至水力机与前同)。

丙、造船学科,其课目如左:

水力学、造船学、造船意匠及制图、舶用机关、意匠及制图、机械工学、机械制造法、火兵论、工艺经济学、实地演习(其余自数学至水力机与前同)。

丁、造兵学科,其课目如左:

火药学、小铳及大炮、冶金学、化学实验、机械制图、炮外弹道学、弹丸、炮架及车轮、水雷、机械工学、机械制造法、电气工学、造船学、铁冶金学、制造冶金学、射击表编制、意匠及制图、实地演习（其余至数学至水力机与前同）。

戊、电气工学科，其课目如左：

电气及磁石测定法并实验、机械制图、电信及电话、电灯及电力、发电机及电动机、电气化学、化学实验、机械工学、电气工学实验、意匠及制图、工艺经济学、实地演习（其余自数学至水力机与前同）。

己、建筑学科，其课目如左：

数学、蒸汽机关、物力学制图及演习、测量、地质学、应用规矩、建筑材料、家屋构造、特别建筑意匠、建筑沿革及条例、日本建筑学、配景法、自在画制图及配景图、意匠及制图、卫生工学、装饰法、施工法、制造冶金学、美学、装饰画、地震学、实地演习。

庚、应用化学科，其课目如左：

无机化学、有机化学、化学史、应用化学实验、冶金学、制造冶金学、矿物学、蒸汽机关、机械学、水力机、化学分析实验、矿物识别、电气化学、电气工学、火药学、家屋构造、工业分析、吹管分析、试金术、计画及制图。

辛、火药学科，其课目如左：

火药学、小铳及火炮、无机化学、有机化学并实验、化学分析实验、炮外弹药学、弹丸、炮架及车轮、水雷、电气工学、制造冶金学、家屋构造、工业分析、意匠及制图、实地演习（其余自数学至水力机与前同）。

壬、采矿及冶金学科,其课目如左:

矿物学、地质学、采矿学、冶金学、制造冶金学、铁冶金学、测量、矿山测量、家屋构造、蒸汽机关、机械学、矿物识别、化学分析实验、制图、选矿学、水力机、电气工学、试金术、吹管分析、矿床学、矿山法律、冶金实验、工学实验、采矿计画、冶金计画、铁冶金计画、实地测量、实地演习。

第四医学科,分为二类:

甲、医学科,其课目如左:

解剖学、组织学、生理学、病理总论、病理解剖学、胎生学、局处解剖学、药物学、医化学实习、处方学、病理组织学实习、诊断学、外科总论及分论、妇人科学、眼科学、内科分论、绷带学实习、内科临床讲义、内科外来患者临床讲义、外科临床讲义、外科外来患者临床讲义、产科学、产科模型研习、卫生学、法医学、外科手术实习、产科妇人科临床讲义、产科妇人科临床患者讲义、眼科临床讲义、眼科外来患者临床讲义、检眼镜实习、皮肤病学、霉毒学及皮肤病微霉毒临床讲义、霉菌学实习、小儿科临床讲义、小儿科外来患者临床讲义。

乙、药学科,其课目如左:

制药化学、药用植物学、植物解剖学、分析术实习、植物学实习并显微镜用法、生物学、裁判化学、卫生化学、植物分析法实习、有机体研究法、调剂学、药局方使用法实习。

第五理学科,分为七类:

甲、数学科,其课目如左:

微分积分、几何学、理学、星学及最小二乘法、数学演习、微分方程式论及椭圆函数论、物理学实验、函数论。

乙、星学科,其课目如左:

微分积分、解析几何学、理学、星学及最小二乘法、星学实验、数学演习、微分方程式论及椭圆函数论、物理学实验、球面星学、实地星学、天体力学、天体物理学。

丙、物理学科,其课目如左:

微分积分、解析几何学、力学、星学及最小二乘法、化学实验、物理学实验、数学、数学演习、微分方程式论及椭圆函数论、星学实验。

丁、化学课,其课目如左:

无机化学、有机化学、分析化学、应用化学、化学实验、物理学实验、理论及物理化学、化学平衡论。

戊、动植物学科,其课目如左(按,动植物学本为二科,以其科目略同,故不分录):

普通动物学、骨骼学、动物学实验、普通植物学、植物识别及解剖实验、地质学、生理化学及实验、矿物及岩石实验、植物解剖及生理实验、有脊动物比较解剖、组织学及发生学实验、生理学、古生物学。临海实验(寄生动物学、白克脱利亚学实验、人类学),以上为动物学专习;(植物生理学、物学实验、白克脱利挨实验),以上为植物学科专习。

己、地哲学科,其课目如左:

地质学、矿物学、岩石学、普通动物学、骨骼学、动物学实验、化学实验、地质巡验、古生物学、晶像学、植物学、地质学丛谈、地质学及矿物学研究、矿床学。

第六农学,分为四类:

甲、农学科,其课目如左:

地质学、土壤学、气象学、植物生理学、植物病理学、动物生理学、昆虫学、肥料、农艺物理学、经济学、植物学实验、动物学实验、农艺化学实验、农场实习、作物、土地改良论、园艺学、畜产学、家畜饲养论、酪农论、养蚕论、法学通论、农业经济、农学实验、农产制造学、兽医学大意、农政学、财政学。

乙、农艺化学科,其课目如左:

有机化学、分析化学、地质学、土壤学、气象学、植物生理学、动物生理学、肥料、农艺物理学、农艺化学实验、作物、土地改良论、生理化学、发酵化学、家畜饲养论、酪农论、农业经济、化学院轮、农产制造学、食物及嗜好品。

丙、林学科,其课目如左:

森林数学、地质学及土壤学、气象学、森林物理学、最小二乘法及力学、森林植物学、植物生理学、森林动物学、林学通论、森林测量并实习、造林学实习、植物学实验、动物学实验、树病学、森林化学实验、森林利用学、森林道路实习、森林保护学、森林经济学、森林管理、法学通论、森林法律学、林政学、财政学、经济学、森林理水及沙防工、实地演习。

丁、兽学科,其课目如左:

解剖学、生理学、组织学、病理通论、外科手术学、蹄铁法、家畜饲养论、酪农论、药物学、外科学、内科学、病理解剖学、寄

生动物学、蹄病论、乳肉检查法、调剂法实习、家畜病院实习
及内外科诊断法、畜产学、皮肤病论、马学、动物疫论、产科
学、眼科学、卫生学、胎生学、兽医警察法、法医学、霉菌学、
病理组织学及霉菌学实习。

左所分各类，系据东京帝国大学所定课程，惟其中有重
复及不切吾国实用者，稍从略焉。

附属：养蚕学科，其课目如左：

动物学、植物学、物理学、数学、化学、气象学、土壤轮、机械
学、经济学、肥料论、害虫论、害菌论、蚕体解剖论、桑树栽培
论、蚕体生理论、蚕体病理论、养蚕法、制丝法、普通实习、显
微镜使用、蚕体解剖、春蚕饲养、夏秋蚕饲养、蚕种检查、茧
检查、生丝检查、制丝。

右所载系据蚕业讲习所所定课程。

第七商学，其课目如左：

商业史、商业算数、簿记、机械商学、商品学、商工学、地
理、商工历史、统计学、经济学、财政学、民法、商法、国际
法、商业学并实习、英语，法、西、德、伊、俄、韩、支那语各
专一门。

右所载系据高等商业学校所定课程。

第八师范学，分为四类，其课目如左：

第一类：伦理教育学、心理学、国语、汉文、英语、德语或法
语、历史、哲学、言语、生理学、体操。

第二类：伦理教育学、心理学、哲学、地理、历史、法制经济、

英语、生物学、体操。

第三类：伦理、教育学、心理学、数学、物理学、化学、哲学、英语、图画、手工、体操。

第四类：伦理、教育学、心理学、植物学、动物学、生理学、矿物学、地学、农学、哲学、英语、图画、体操。

　　右所载系据高等师范校所定课程，其随意科概从略。

第九美术，分为六类：

甲、绘画科，其课目如左：

　临模、写生、新案、图案法、用器画法、美术解剖、考古学、历史、美学、美术史、教育学、建筑装饰术、制作实习。

乙、雕刻科，其课目如左：

　模刻、雕造手诀、各种材料手法（其余与前略同）。

丙、雕金科，其课目如左：

　工场实习、图案法、绘画、金工史、美术解剖、考古学、历史、美学及美术史、应用化学、雕金图案。

丁、锻金科，其课目与前略同，从略。

戊、铸金科，其课目与前略同，从略。

己、莳绘科，其课目如左：

　工场实习、调漆法、图案法、绘画、漆工史、考古学、历史、美术及美术史、应用化学、铸金图案。

　　右所载系据东京美术学校所定课程。

第十音乐，分为三类：

甲、声乐部，其课目如左：

伦理、独唱歌、诸重音唱歌、洋琴及风琴、和声学、乐典、音乐史、音响学、乐式一班、审美学、歌文、外国语、体操、方舞。

乙、器乐部，其课目如左：

伦理、器乐、诸重音唱歌、和声学、乐典、音乐史、音响学、乐式一班、审美学、歌文、外国语、体操、方舞。

丙、乐歌部，其课目如左：

伦理、歌文、支那诗文、西洋诗文、历史、诸重音唱歌、洋琴及风琴、和声学、乐典、乐式一班、音乐史、音响学、审美学、外国语、体操、方舞。

右所载系据东京音乐学校所定课程。

乙种

第一陆军，分为二类：

甲、大学部，其课目如左：

战术、战史、参谋服务学、兵要地学、兵器学、筑城学、要塞战法、交通学、马学、陆军经理学、陆军卫生学、万国公法、国法、参谋旅行、野外战术实施、队附服务、野外测量、野战及要塞炮兵射击、马术，德、英、法、俄、支那语学会语及兵书、普通书之译读，历史学、地学、算学。

乙、士官部，其课目如左：

一、学科：战术学、军制学、兵器学、筑城学、地形学、卫生学、马学、外国语学。

二、术科：体操、剑术、马术。

右所载系据陆军大学校及陆军士官学校所定课程。陆军中科目尚多，兹不及备载，以省篇幅。归安钱氏译有《日本军事教育编》①，取阅之，当可得其详。

第二海军。海军各学校，日本政府尚无许吾国学生入学之例，故从略。

据以上所述，各学校所定科目，虽未尽于是，然其繁博已可见一班（斑）。一人之智力，即穷年累月，亦必不能尽习。天下之事，人各自任之。我但为吾所能为者而已。是故求学之始，必先定其目的，就各种学科中，择其何者于吾性质最近，何者于吾地位最宜，必仔细推察，以己意决定之，然后以次从事，其庶几矣。

抑选择之道，其最不可犯者，囿于俗见是也。吾国今日之受弱，固有种种之原因。然其最要之点，则在学问不发达而已。不远千里游学，使复存世俗之见，辄沾沾曰：吾所学者，恐吾国今日不能用也。此谬甚矣。吾国今日之情形，譬如欲建一屋，仅有一地基，他无所有，故无论竹木土石，苟吾力之所能及者，则输运之而已。不必论其今日用、明日用也。选择学科之道亦犹是。苟此种学问，为吾国之所无者，吾视吾力可及，则毅然习之，他不必计也。英人压制印度，禁其国人肄习实学，然印人自费至日本，入大学习专门者，不乏其人。彼其人者，遑计回国以后，英人之能用与否耶？又况吾国今日，初无若是之压制，不过风气尚未转，故新学不能通行耳。夫转移风气，固非可诿为他人之责，而人人当自任者也。

第二节　预备

上节言专门学，此节就普通学言之。专门学视各人之能力，各

---

① 钱恂译：《日本军事教育编》，江楚书局光绪二十五年（1899）刻本。

专其一,普通学则如谷菽布帛,人人所应有,缺一不可。近时各国讲教育者,尤注意于普通学,以其为诸学之根,若普通学不足,则专门学无由入门故也。故游学者,不可不预备普通学。此为最要之义。

普通学之种类甚多,日本分小学与中学两级。小学程度极浅。兹姑从略。今就日本师范学校附属中学所定课程,列举如左。

一、修身:人伦道德之要旨。

二、国语及汉文:讲读、作文、文法、习字(楷书、草书、行书)、国文学史。

三、英语:讲读、翻译、会话、作文、习字。

四、历史:日本历史、外国历史(东洋、西洋)。

五、地理:日本地理、外国地理(东洋、西洋)。

六、数学:算数、代数、几何。

七、博物:人体之构造及生理卫生、动物、植物、矿务。

八、物理化学。

九、法制及经济。

十、画图:自在画、用器画。

十一、唱歌:单音唱歌、复音唱歌。

十二、体操:柔软体操、兵式体操。

以上所述普通学,凡卒业者,即可入各种专门学校。惟入大学校者,尚须入大学预备科三年。即高等学校是也。故凡习专门者,其始无不先习普通学,否则专门学无从入手。即专门学校,亦无从考入也。日本学生就学之次第,大抵如是。日本近年以来,往欧美游学者,大都专门学已经卒业(若普通学,更不必论），不过再至彼国，参考一切，以期大成而已。吾国情形异是，专门学校既未设立，即有一二学堂稍课专门者，又大抵科目不全。故必待专门学已有根柢，然后出而游学，此势所不能矣。虽然，若使普通学习未完全，而贸然出游，则又未见其当也。虽到此亦可入中学校肄业，然计较得失利害，则未可以道里计矣。兹请为言其故。

普通学之中，新学居其半，而本国之学，若文字、历史、地理等类，亦居其半。此等科目，若一至外国，便无从措手，卒至本国之掌故茫然不知，而本国之文字且不能书。前者曾文正公派幼童至美，盖不免此弊。又习普通学之时，一以预备专门之门径，一以涵养一生之德性。凡一国人有一国之性质，若根柢不立，遽至外洋，则恐失其本性，遂忘本国。又游学之益，一在进学校，一在交友。而彼中中学生徒，大都无甚可交者，故亦不能得益。而尤有一端最宜计较者，则经费是也。至日本一年，大抵须中国二三年之费，故如普通学三四年卒业，若在中国学习，则可馀游学日本二年之费，以此贴入游学时习专门之用，则大可馀裕，而藉此舒展，当复不少也。虽然，此固为年少者计，若所谓吾国成材之士，则所处有异乎此者矣。

由是观之，普通学之必宜在本国学习，显然可见。且吾国近年所立学堂，若专门学固不敢言，至普通学则大抵皆备。官立者，若北洋头、二等学堂、南洋公学；私立者，若上海王氏育材学堂。此外又有教会西人所立者，如中西书院、圣约翰书院，皆足以为就学之阶梯也。今就日本中学课程，略为变通，定一课程如左：

一、汉文：以文理清通为度。

二、日文：以能看书为度。

三、英文：读本书、文法，以能看寻常书为度。

四、历史：中国史（本朝史初须略读）、万国历史。

五、地理：中国地理、万国地理。

六、数学：算术、代数、几何。

七、博物：动物、植物、地质学。

八、物理化学。

九、体操。

以上所定普通学课程，若年在十四五岁，已出小学堂之人，大抵三年多至四年，必可毕业。毕业以后，至此即可入各种专门学校。惟大学校则尚须入预备科三年，先习各种专门学门径，及研究外国文字，以备将来多看参考书之用。然此固视游学者之地位及其目的如何，固无一定也。

第三节　决心

上二节所言，乃游学前应有之事，此节则游学后必不可少之策。学业之成否，与在外国所得之名誉，全以此为定，不可以不慎也。

凡天下之事，必有坚定之力，而后可以成就。兹所谓决心有二义。一指游学之事而言，既一旦不远千里，则垂橐而来，必须满载而归。即有不得已之事，无论私事公事，必须一切排去，概不与闻，以求吾学成就而止。一指游学之目的而言，凡一学科既为吾目的所在，必须尽力以赴。吾以此为宜，即终身守之，亦无不可，断不可因局外人之言,以为若者合于今日社会,若者不合于今日社会,轻易改变,强不相宜者而学之,朝工夕商,卒至不能达其目的而后已。此不可不三思也。

第二章　游学之年限

游学年限,照日本出洋学生之例,大都以三四年为度。然吾国情形,尚不能如是一律。盖吾国游学者,不过习过普通学而止,日本游学者,则已有专门门径故也。日本从前出洋游学之人,以所闻者而言,有多至十年八年者,亦有一二年即归者。盖随各人之境遇及各人之目的,因是而年限亦有不同耶。今分为二等,一曰循序渐进法,一曰速成法。有志者请自择之。

第一节　循序渐进法

凡中学普通学卒业之人,与专门学之程度,尚有一层间隔。故日本各专门学校,皆有特别预备科,多者三年二年,少者一年。即如高等学校,为大学校之预备科,照大学校所分门类,分别学习,各科不同,盖实专门学中之普通学也(如吾国北洋头等学堂,第二年之功课,仿佛似之,此外无闻)。故中学校之学科,为人人之普通学。无论将来学何科目,均须学习。若高等学校之学科及其他各学校之预科,则专为将来学专门者之预备。如法科则以各国文字及历史等为主。工科则以算学等为主。其他各科各有其主要之科目。每科不同。使无此预备,则终不免有躐等之弊也。譬如读书,先读其小引,则读至以下各节,可以提纲挈领,秩然有序,否则不读总论,遽读分论,虽亦可陆续补读,然于专门学之进步,即有多少阻力矣。故专门预备不可少也。

入专门预备科者,其年限即因之而增,故如大学校法科四年可以卒业者,加以预备,必须七年。工科、理科等三年可以毕业者,加以预备,必须六年。其他各专门学校,或增加一年二年者不等。然于专门之学,可以集其大成。区区数年,固可不必计较。如上章所言普通学,约十六七岁时可以卒业,则游学多至六七年,亦不过二十三四馀耳。归而行其所学,何晚之云哉![①]

第二节　速成法

此法专为吾国所谓成材之士,年纪已长,急于用世者而设。速成云者,非有他术,习其大略,或其一部之谓也。天下事均有一定程度,必经几多阶级,然后可以达到。故无速成之理。所谓速成者,不过就目前所急,择其一二端,以应吾用而已。譬如学政治者,一科中科目甚多,我但习其国法一科,或宪法、行政法二科,则一年或二年即可卒业。卒业以后,即可为吾国用,不过政治学之全体,不免有所欠缺而已。是故速成者,即小成之谓,非如缩地法然,可以越千里如一尺也。

虽然,一国学校均有一国之特旨,此特旨专为其本国人而有,若外国人则尽有可以不必学者,如高等学校以下各学校,各有国语科之类是也。又凡一学校之课程,必须整然有序,不能有一项遗

---

① 原文作"何晚之云何哉",后一"何"字似衍。

漏,一步造次。若为吾国急用之计,则尽有不必兼习者,如每一学科,必须兼习两国文字之类是也。又治国之造就人才,与未治国之造就人才,其法不同。治国有从容不迫之意,未治国有急遽之意。故日本各学校,匀计每年上学之假(期),除暑假、年假、节假、来复日停课外,不过足八月。其余四月,均系优游养息之日。若吾国学者,则可大用此时日,以为急进之地步。但得其一小份之将息,亦已足矣。故速成之道,由此三原因,亦实游学者之捷径也。

速成之法,在日本各学校,亦有其例乎?曰有。日本私立学校,亦往往有用速成名目者。然此不过中学程度,及其他技术等类则有之。若高等专门学校等则无之也。各专门学校,自大学校以下,各有所谓选科者,此即预备速成者也。选科云者,谓就所定课目中,选择其一二科,而专习之之谓也。故有同时选习数科者,或有一科卒业以后,再选别科者,随各人之意思而定,不拘一例也。

是故吾国年长之士,有志游学,必欲按部就班,循级而上,此势所不能,且亦可不必。何也?岁不我俟,世变不可知也。故有志之士,但就己所欲学之一二端,选择习之,即可备吾国急用,正不必拘拘于彼国学校层次,而谓年已太长,无可学习,以自弃也。盖既选择学习,则至速者一年亦可卒业,若日本语未经习过,则至此先习日语半年或一年,多至二年,亦必有成矣。有志者,幸省之也。

抑更有一言,求速成者,固可不循学校层次,然万不可不进学校。盖学校者,所以收束吾身,使有所归宿。若不进学校,则一身无定,岁月易逝,所谓速成者必至无所成而后已。且于择友之道,亦最非宜。既进学校,则校友均为吾师,随时请益,得益最多。不然,所交无一定之人,学问之进步,正未能必其为何如也。

第三章 游学之经费

经费者,游学之母也。欲计游学,以筹经费为第一义,然吾国之人,往往以为至外国游学,费用不赀,其实不然。日本物价,虽三倍于吾国,然一般学生社会,其节俭之状,较之吾国苦学之士,有过之无不及,故核算其费用,若力意减省,则吾国志士能自办者,尚不鲜也。今列举各项必不可少之费,说明如下:

第一节 学费

学费分为二种。一受验料,即赘金是也。初入学时纳之。一授业料,即束脩是也。官立学校,大抵分二季或三季征收。私立学校,则有总征收者,亦有每月分征者,其额如下:

一、受验料:

官立学校,自一元至五元不等。

私立学校,自一元至二元不等。

二、授业料:

官立学校,每月自一元至二元五角不等(间有三元者)。

私立学校,每月自一元至二元不等,每年以十月计算,夏季休假二月概不征收。

第二节　旅费

　　旅费者,专指住宿费而言。住宿有三种方法:一学校寄宿舍;一下宿(即常年租定客栈);一租屋。三种之中,各有便利之处,听各人自定,其费约定如下:

　　一、学校寄宿舍,每月约五六元左右。

　　二、下宿,分为三等(下宿之外,复有所谓贷间者,即住家之中以其余屋出租之谓。其居停亦颇有极亲切者,价约与下宿等,而房屋较清净焉)。

　　上等:房屋每月约五六元,饭食每月约十元。

　　中等:房屋每月约三四元,饭食每月约七八元。

　　下等:房屋每月约二元,饭食每月约五六元。

　　此外尚有炭费、油费每月约一元左右(又下人赏费一元或半元,随意)。

　　三、租屋,每月房饭一切,约十元至十二元左右。

　　住宿之法,大都有此三种。寄宿舍价最廉,规则亦佳,惟与日本学生杂居,稍有不便,又学校不尽有寄宿舍,故不能一律而论。下宿最便利,一切均由旅店主人招呼,且随时迁徙,均可自由,惟下宿中人类最杂,良莠不一,交际最宜留心。租屋非得四五人不办。此法最为适意,一切习尚,可以从我之意,惟终日与本国人同居,语言之进步,不无稍阻,故最好俟半载或一年以后,然后约伴租屋,最为得计。此外又有寄居日本人家中之法,然中上之家,大抵不愿寄留外国人。下等人家,则又无味,故颇不易言。若得熟人能介绍至中上以上之人家居住,则更佳矣。

第三节　书籍及笔墨纸费

日本大学校及各专门学校，大都均用笔记（即教师口讲，而学生笔述之谓），故用教科书者甚少。此所谓书籍，专指教科书而言。每月匀计约得二元左右已足。若论各种参考书，则需用甚多，不能豫定。至笔墨纸费，每月约一元左右。总计二项费用，每月约三元左右，然此固至简之数也。

第四节　杂费

杂费者，指一切零星费用而言。如剃头、洗浴、洗衣、新闻纸、邮票等类，每月节省用之，约三元左右可足。兹为略举各项价目如下：

剃头　每次一角二分或一角五分（辫发须随时自理，日本剃头店无能之者）

洗浴　每次二分（日人最尚洁，约间日须一次，学生社会均然）

洗衣　每件大者四分，小者一二分不等

新闻纸　每种约三角

邮票

其他杂费

第五节　衣服费

日本各学校，各有一定服饰，谓之制服，故凡入其学校者，必服

其制服,以归一例。今就寻常学生衣服,约定价如下:

冬服一套,约八元至十元。

外套一件,约八元至十元。

夏服一套,约三元至六元。

帽靴及衬衣等,约五元左右。

衣服费约计如上,然此不必每年新做,故初到之时,费用稍大,此后不过随时添补而已。

第六节　交际费及旅行费

凡外国人与本国人不同。与日人来往,不能无应酬之举。譬如,教习及同学等,须随时酬劳之,则更加一层亲切,又或彼等先施,则不能无以答之,此交际费之所以不可少也。旅行费者,大都在假期中用之。各学校学生,至放假时,往往至各处旅行,或夏期至山中避暑,又有至各地方工厂学校等参观者,学校给以凭票(惟官立学校有之),随处可以进去,谓之实地研究,又谓之修学旅行。此亦于游学最有益处,且可以借此入其内地考察一切,惟费用甚巨,不能豫定。以上二项,均随各人之境遇,以为支用之方,无从算入正项费用之内也。

以上所列,大概不出此数种。今就其至俭之数,核算一表如下:

	月　额	年　额
学费	1 元至 2 元半	10 元至 25 元
旅费	6 元至 9 元	60 元至 90 元
书籍、纸墨笔费	3 元	30 元

| 杂费 | 3 元 | 30 元 |

夏期放假二月,不算在内。总算在内,则再加旅费及杂费二月可也。

| 总额 | 13 元或 18 元左右 | 150 元或 200 元左右(夏期放假二月亦算在内) |

此外尚有授验料及制服费,来往盘费,约银十元可足。然此系一时之费,非常年经费。故不算入内(来往盘费别详后章)。至夏期放假或归国者,则即以学费作为盘费,所差亦无多矣。

以上所举,系至简至约之数。或间有不足之时,然苟刻苦为之,亦可将就敷衍。至若家道稍丰,筹费能稍充足者更佳,但使不放荡无检,则多费一文,即于学问上多得一分之益。此可为文明国学问界中决之也。

第四章　游学之方法

游学有种种方法，启行时舟车一切，如何情形，到日本后如何情形，及进学校时如何办法，均游学者所急欲知之者也。兹分节略述之。

第一节　上路之情形

凡自吾国至日本，分为南北二大道。南省各地，以上海为出发之地。北省各地，以芝罘①为出发之地。自芝罘动身，可买船票至神户。由神户换坐火车到东京，凡火车行十七点钟，计路程共十日。自上海动身，可买船票至横滨，换坐火车到东京，凡火车行一点钟，计路程共七日。若买票至神户，由神户坐急行火车至东京，则五日可到。到日本之第一埠，为长崎，其次为马关，其次为神户，其次即为横滨。各埠除马关外，均为从前通商口岸，吾国有领事馆焉。商人以广帮、宁帮为最多。此外各帮均有。若有相识之人，则到埠停船时，可以上岸访之，托其引导一切，并可望其代为招呼，惟船每到埠，停几多时刻，及何时开船，均有一定，必须打听明白，先

———————
① 今山东烟台。

期回船,否则恐有失误,船或先开,受累不浅也。

凡自吾国至日本船只,有英国公司、法国公司及日本邮船公司。其中以日本船为最亲切便当。若言明留学生,则看待更好,其船中理事等,大都从学生出身,故于学生另有一番看待,盖同类使然也,其船价分为三等,亦列举如下:

自芝罘至神户:

一等 65 元,二等 45 元,三等 18 元。

自上海至横滨:

一等 54 元,二等 33 元,三等 12 元。

自上海至神户:

一等 42 元,二等 26 元,三等 10 元。

凡轮船至神户或横滨后,须换坐火车,再到东京,其车价亦分三等如下:

自神户至东京:

一等 12 元,二等 7 元,三等 4 元。

自横滨至东京:

一等 9 角 6 分,二等 5 角 6 分,三等 3 角 2 分。

凡无论舟车,一等客舱,大抵系官员及富商等乘坐。二等及三等则寻常人均来坐之。日本学生,则往往坐三等者居多,取其廉也。三等舱固为最下,然较之吾国航船,及轮船之散舱,则舒服远矣。惟火车若行李过多(凡行李以少为贵,衣服有学校制服,故可不必多带。中国书籍,固不可少,然有图书馆可以借阅,故不带亦可),则反不如坐二等之得。因各等应带货物,其磅数均有一定,三等磅数最少,而另加则甚昂,且路途稍远,须在车中过夜,则二等为最宜,三等则恐人数过多,不得坐地,晚上甚不便也。

第二节　到岸之情形

到神户或横滨上岸时,如该埠有熟人,可于到长崎发一电报(价甚廉,不过一、二角),或发一信,嘱其某日某时,至该船来接,则一切可有招呼,否则可先至日本客栈托其招呼一切,亦甚妥当。凡船到埠时,即有无数接客至船中招揽生意,身上均穿店中号衣,一望而知,可择定一家,将行李几件,一一点清,交付与渠,搬运一切,均听渠为之,万无一失。上学时,即由渠引至店中,暂时休息,然后再托渠代买车票上京,最为妥当(凡行李几件由本栈按数发出铜牌,到时凭牌领取,惟零碎小物,均须手携也)。日本客栈,大都均靠得住,其中招呼吾国人最熟悉者,今略举如下:

神户:田中屋。

横滨:高野屋、山崎屋。

上岸以后,行李一切,均须先搬至税关,待其查验,行李上可贴明留学生字样,关吏较为亲切,然万不可因此夹带私货,自失体面。又钥匙须随身带,否则匆促之间,欲开箱时,殊不便也。上京最终之停车场名曰新桥,此处即为东京。东京多少必有熟人,在未上车之先,可先发一电,言明某时开车,某时可到,嘱其来接,必可无误,否则下车后,可即至停车场侧,购买东洋车票,不必先付钱,但告以某处某地,到后然后照票付钱亦可。行李可暂存车栈,随后往取,惟铜牌万不可遗失。此最宜留意。凡初到时,总未免人地生疏,故在本国未动身之先,最好宜先托人介绍在东某人,则到后一切,即可由某人招呼。若毕竟无人,则到京后,可坐车至中国公使馆,告明来由,托馆员或馆中留学生招呼一切,亦无不可也。

第三节　入学之情形

凡学校分为二种。一官立学校，即由国家设立者；一私立学校，即由民间设立者。进官立学校者，必须吾国钦使或领事等先行咨照彼国外部，转达文部，故必须钦使或领事作保。进私立学校者，则无须乎此，但须资格稍深者作保，或中国人或日本人，均无不可。官立学校，去年曾定外国留学生之例，今照译如下：

文部省直辖学校外国委托生规则（明治 33 年①7 月 4 日文部省令第 11 号）

第一条　凡外国人进文部省直隶学校（即官立学校），不照学校通则，于所定学科中，肄习一科或数科者，必须其本国公使或领事咨送，始能许可，作为外国委托生。

第二条　凡外国人入学时，必须其本国公使或领事之委托书，与入学志愿书，同呈于帝国大学总长或各学校校长。

第三条　帝国大学总长及各学校校长得以上志愿书时，必察看其有相当之学力，始能许可。其学力未到者，不在此例。

第四条　凡外国委托生，卒业时试验有成绩者，亦得给予凭据。

第五条　凡外国委托生，于一切受验料及授业料，可免征收。（按：此条近尚未实行，随各学校校长之意而定，有征收者有不征收者，不一例也信。）

---

① 即 1900 年。

第六条　本令应有之细则,由帝国大学总长及各学校校长,经文部大臣之认可,随时定之。

第七条　本令施行之前,凡外国人已进各直辖学校者,以卒业为止,可以不在此例。

据以上规则,进官立学校之情形,可以概见。私立学校,亦大率类是,惟不必公使或领事咨送耳。兹将各官私学校,其尤重要完备,吾国留学生已肄业有成效者,举其略则如左:

一、东京帝国大学

共分六科。此校为程度最高、规模最大之学校。日本大学校有二,一在西京,近年新立,故一切未甚完备,一在东京,即此校是也。二校均直隶于文部省。名曰帝国大学。今就此校课程略举如左。

甲、法科大学(现在学者三人,九月豫定入学者一人)

课程:分法律科、政治科二门。

年限:四年。

学费:年额二十五元。

乙、医科大学

课程:分医学科、药学科二门。

年限:四年。

学费:年额二十五元。

丙、工科大学(现在学者四人)

课程:分土木工学科、机械工学科、造船学科、造兵学科、电气工学科、建筑学科、应用化学科、火药学科、采矿及冶金学科九门。

年限：三年。

学费：年额二十五元（此外尚有借物费年额十元，惟工科有之）。

丁、文科大学

课程：分哲学科、国文学科、汉学科、国史科、史学科、言语学科、英文学科、德文学科、法文学科九门。

年限：三年。

学费：年额二十五元。

戊、理科大学

课程：分数学科、星学科、物理学科、化学科、动物学科、植物学科、地质学科七门。

年限：三年。

学费：年额 25 元。

己、农科大学（现在学者一人，九月豫定入学者五人）

课程：分农学科、农艺化学科、林学科、兽医学科四门。

年限：三年。

学费：年额二十五元。

各大学从前均有寄宿舍，近已裁去，所留者惟农科大学而已。又各大学均在一处，惟农科另立一处，以所占地面甚大故也。

各科每年均以九月为入学期。

二、第一高等学校

此校为大学豫备科。全国高等学校有七，而以在东京者最为完备，即此校是也。凡此校卒业者，可以不必试验，径入大学。其科目亦照大学，分为六科，而总括之则为三部，如左：

甲、第一部（现在学者二人，九月豫定入学者二人）

一、法科：分为英法科、法法科、德法科三门。

二、文科。

乙、第二部

一、工科（现在学者二人）。

二、理科。

三、农科。

丙、第三部

一、医科。

按，医科除大学豫备科之外，此校复别立专门部。其校舍在千叶（离东京约百余里），三年卒业，不必再进大学，即可行医。其两科不同之处，一大学豫备科以德文为主，因大学所用教科参考书均系德文故也。一则概用日本文，故免肄习外国文字之劳，而卒业较速。据日人自言，日本之输进西洋文明，以医学为最先，而发达亦以医学为最盛。各国医学推德国为首，其次即为日本云云。此或未免自大之语，然要之日本之发明西学，以医学为最完备，固非虚言。即如大学之中医科所占地面，几及五分之三，其试验场之大，亦可概见矣。窃谓医学于人之性命关系最重，吾国医者，于病源一切,大都凭虚推考,故往往致误。西医则最重实验,凡习医者,无不先习解剖之学,故日后遇病,条理析然,知其受病之所在,然后施药,故万无一失。其制药之精巧,施药之灵便,尤其余事也。适有所感,附志数语于此。

各部卒业期限三年。每年以九月为入学期,学费年额各二十元(现校长于吾国留学生概不征收学费)。

凡第一年学生,必住寄宿舍一年,著为定例(自第二年后可以任意)。寄宿舍分南北东西中为五寮,寮内一切事务均由学生自理,名曰自治寮。舍监不过监督之而已。东京各学校寄宿舍,以此校风气为最上,俭素豪迈,乃其特质。其寄宿舍中有纲领四条,兹照译如左:

第一条:起自重之念,养成廉耻之心。

第二条:起亲爱之情,养成共同之风。

第三条:起辞让之心,养成静肃之风。

第四条:注意卫生,养成清洁之习惯。

观其纲领,可以知其校风。盖寄宿舍者,其主义在养成学生之性情,而陶镕其气质,非仅以广厦千万间大庇寒士即为毕事。其定例第一年生必住寄宿舍一年,实此意也。

一、东京专门学校

此校为大隈伯创立(伯为维新元勋,曾总理内阁,创进步党,为之首领焉)。东京私立法学校大者有五,而推此为首。近又新设大学部,科目更臻完备。其课程共分三部。

甲、政学部

　一、邦语政治科（现在学者三人，九月豫定入学者七八人）。

　二、英语政治科（现在学者六人）。

乙、法学部

　一、法律科。

　二、行政科。

丙、文学部

　一、哲学及英文学科。

　二、国语汉文及英文学科。

　三、史学及英文学科。

各部卒业年限各三年，学费年额各二十二元。惟文学部二十四元。每年以九月为入学期。

校内有寄宿舍，每月六角，食费以时价为定，而不出六元。

此外尚有高等豫科，凡学力未足者，先入豫科一年半（以二月为入学期），再进正科。吾国留学生入此校者，近年复有特设日语科之例，以便吾国信①来之人。惟须人数稍多，则始能成立一班也。

校内有出版部，刊印各科讲义录，及早稻田丛书，以备参考。近年出书之多，此校亦为巨擘云。

一、庆应义塾

此塾为日本硕儒福泽谕吉翁创立（翁讲新学最早，著书甚多，

---

① 此处"信"从文义看似当作"初"。

专以通俗易解为主义,《时事新报》亦其所创立者也)。据日本人云,日本学校讲理财学者,以此塾为最完备。其课程共分二部。

甲、普通部,犹各学校豫科(现在学者一人)

乙、大学部

一、文学课。

二、理财科。

三、法律科。

四、政治科。

各科卒业年限,合普通大学为五年,学费普通部年额二十五元五角,大学部年额三十六元。每年以五月一日为入学期。

塾内有寄宿舍,分为二寮,一成年寮,一中年寮,十六岁以上者入成年寮,十五岁以下者入中年寮。舍费每月一元三角,食费五元。

一、专修学校

此校系私立,其课目分为二科。

甲、法律科(九月豫定入学者二人)。

乙、理财科(九月豫定入学者二人)。

各科卒业年限各三年,学费月额一元五角,兼修二科者,月额二元七角。

一、高等商业学校

此校系官立。研究商学,最为完备,其课目分为二科。

甲、豫科,一年卒业。学费年额二十元(现在学者四人)。

乙、本科,三年卒业,学费年额二十五元(现在学者二人,九月预定入学者一人)。

各科各以九月为入学期。

此外尚有专攻科，凡本科卒业生，得随意选习，年限无一定。

一、东京工业学校

此校系官立，与工科大学并立，而足以补大学之缺。大学以研究学理为主，而实习副之。此校则专尚实习。故入学较大学稍易。其课目分为六科。

甲、染织工科。

乙、窑业科。

丙、应用化学（九月豫定入学者三人）。

丁、机械科（九月预定入学者二人）。

戊、电气工科。

己、电气化学科（九月豫定入学者一人）。

各科卒业年限各三年。学费月额三元。凡卒业者尚须实习一年，分至制造厂及实业所各处，而由本校监督之。

卒业以后，得为专攻生，不收学费。

每年以九月为入学期。

一、东京农学校

此校系私立，以教授农学之学理及技术为目的。别设实习课，以备实地研究。卒业年限三年，学费月额二元（现已卒业者一人）。

一、蚕业讲习所

此校隶属于农商务省，研究蚕业最为完备，其课目共分二科。

甲、本科，二年卒业，以十月为入学期（已卒业者一人，现在学者三人，九月豫定入学者一人）。

乙、别科，五个月卒业，以三月为入学期。

各科概不征收学费。所内有寄宿舍，食费以时价为定。

一、高等师范学校

此校系官立,以养成寻常师范学校、中学校及高等女学校校长、教员等为目的,其课目共分三科。

甲、豫科,一年卒业。

乙、本科,三年卒业。

丙、研究科,一年卒业。

各科以四月一日为入学期。凡在学者均须住寄宿舍内,学费等由学校供给,研究科不在此例,惟零费须自备。每月约三元五角(九月豫定入学者三人)。

一、东京外国语学校

此校系官立,专究各国近世语言文字,附志简末,以见一斑。分英、法、俄、德、西班牙、意大利、支那、朝鲜八语科,另设专门副科,分国际、经济、教育三科。任学者于本科语学外择一科肄之,卒业各科以三年为期,学费年额二十元(现在学者一人)。

每年以九月为入学期。

乙种

一、陆军士官学校

此校为造就将材而设。陆军大学校之下,即为此校。入此校者,为士官候补生,卒业者即为见习士官,司练兵之职。其课目分五科。

甲、步兵科。

乙、骑兵科。

丙、炮兵科。

丁、工兵科。

戊、辎重兵科。

各种卒业年限各一年。学期以每年十二月一日为始，而以翌年十一月下旬为终。凡入此校者，必先在陆军预备学校卒业（如中央幼年学校及成城学校等。成城学校规则后再述之）及已进连队实习一年者，始为合格。

吾国学生，以此校人数为最多，现在学者都凡四十六人。一切事务，概由参谋本部专人管理。吾国学生另成一班，专派教习教授，不与日本人同列，惟课程则无差别云。

吾国学生入此校者，每年备费三百元，交与参谋本部。凡学费、衣食等，均包括在内。每月零用三元，则发出由各人自理。

以上所列各学校，均吾国学生已肄业有成效者。此外东京学校甚多，不及备述。

近新出有《日本学校章程一览》，所载甚详，兹所述者，不过其大要而已。

此外尚有数学校，专为吾国人初来时，日语未习及普通未足者而设。从前尚有日华学堂及亦乐书院等类，近因各人已分进各专门学校，故已次第裁撤。兹所留者，尚有三处，如左：

一、成城学校

此校为陆军豫备学校。其程度与中学校相等。惟注重于武，故兵式、体操等极为完备。卒业年限定例五年。吾国陆军学生入此校者，均由参谋本部专人管理，别立一班，不与日本学生同列，以吾国学生在于速成，故以五年功课参酌缓急，缩为一年，嗣增为一年半,学费一切与士官学校同。今日进士官诸人,皆由此出身者也。最盛时,吾国学生有八十余人,近除进士官及各联队外,所留者仅二人而已。今将其课程略述于左:

一、日本文。

二、算术。

三、代数。

四、几何。

五、三角。

六、地理地文。

七、历史。

八、物理。

九、化学。

十、生理及卫生。

十一、图画。

十二、兵法。

十三、体操。

凡此校卒业者,即分进各联队实习一年,然后进士官学校。

又此校本系私立,以吾国学生由参谋本部管理,故亦须公使或领事咨送云。

二、同文书院

此院为东亚同文会创立。其课程亦不外日语、日文及各种普通学。豫备终后,即可介绍进各专门学校。学费每年三百元,房、饭、衣服均由院中经理。若衣服等归自理,则每月交十五元亦可。

三、东亚商业学校

此校由中日两国商人创立。校长为日本前文部大臣犬养毅。其课目共分二科。

甲、日本学生科，从略。

乙、中国学生科，以日语、日文为主，而附以英语、算学、历史、地理等课。豫备终后，即可介绍进各专门学校。学费、食费每月十二元。校内有寄宿舍，不收房费。

按，以上所述各校，其主意专以豫备普通及研究日语、日文为主，其章程极为变通，随时可以入学。惟成城则须人数稍多，若一二人，则不能成一班也。

结　论

上数章所述，游学日本之事，可见一斑。以言路程，则远者十日，近者五日可达。以言费用，则多者三百金多，少者百余金已足。以言学校，则政、农、工、商、武备、技艺等，无一不备。故欲游学外国，为吾国求未开之学问，其便盖当无有出于日本之右者矣。

然而，人或不能无疑，以为日本文明，胎自太西[①]，太西为师，日本为弟，故日本之发达，其较太西为幼稚无疑，推取法乎上之义，游学日本，未为足也。斯言固矣。然学也者，所以致用也。日本之规模，其不及太西之完备，此不待言。若为今日致用计，则其所已发达者，固绰绰有余裕。维新三十余年，而富强之迹昭著。此其明证也。日人尝自言日本大学程度，较之太西各国，殆有过之。此或其自大之词。然其程度之高，则无可疑也。

或又以为今日之世，欲集学问之大成，非通西文不可，囿于日本，则将来致用必小。斯言固矣。然日本学校，无有不习西文者。若大学校课程，则非兼通两国文字，不能为合格。惟其重文字而不重语言，则其特旨也。何也？习其文字，可以阅其书，至若语言，则临用时习之数月足矣，无终日孜孜为也。日本学问，无不采自太

① 即泰西。

西。故其西文之发达，可以无疑。

或又以为日本风气嚣张，故为父兄者，往往虑子弟沾染其习。此未免过虑。日本学生社会，最尚元气而实极循谨。观高等学校寄宿舍纲领数条，可以为代表也。又凡中学已卒业之人，大都立志可定，即有习气，庸能染耶。至若以起居饮食之未便，风格习惯之相殊，此尤不足言。无论有志为学，不应计及乎此。且日本与吾同洲，其习尚一切，尚有自吾国沿袭而来者。故吾国人至此，大都若南人之至北方，有异乡之感，而无异国之感也。

要之，吾国今日处竞争极烈之世，而一无凭藉。饥者求食，渴者求饮，人人知之。吾国之无学问，陷于今日之局势，其较人身之饥渴孰甚矣。此所以翘首西望，而不能无所期于有志之士也。日本游学指南终。

游学日本小史

戊戌（1898年），南洋、湖北有派学生至日本留学之举。公学①派六人，师范生二人，为雷继兴及余，特班生为胡伯平、杨补塘、杨翼之、富意城四人。八月政变作，当局又迟疑，至冬始成行。余等初次出洋，福开森代置行李，每人洋式皮箱一，铁包木箱一。余箱上以三C字为记，盖姓名之洋文略号，福为拼就，其后遂永用未改。两箱材料甚坚固，余用之数十年，今犹存也。是时日本驻沪总领事为小田切万寿之助，乘船事宜，由小田切照料。启行前，六人往见，小田切长于华语，派译员野岛金八郎同舟伴送。出领署门，见野岛鞠躬，俯首至膝际，甚异之。余等对于日之风俗礼节，盖一切茫然也。

所乘船为萨摩丸，约一千馀吨。一行由湖北武备及自强学堂来者二十人，由南洋水师学堂及广方言馆来者十四人，加之南洋公学六人，共四十人。萨摩丸二等舱位不敷应用，乃以三等舱为寝室，至二等餐室用膳。三等舱系统舱，寝台木制，分上下两格，每人有红色绒毯一条，此外被褥须自备。舱内甚暗，空气不甚流通。余等初次旅行，亦不辨舱位之优劣，惟以中国旧有航船或轮船之统舱较之，尚觉其有秩序耳。公学同人赠别，孟庸生作一文，勖余勿忘本。傅纬平作诗四首，情谊恳挚。临行时亦有以食物见遗者。启锚后，六人各出所携熏鱼、蜜桔、花生等类，聚坐红毯上小食。舟甫出口，平稳如内河，切未念及前途之有风浪也。夜用西餐，二等餐室仅容二十人，学生全体乃分两班，饱食后遂归寝。及中夜醒，舟身播动若摇篮，头晕胃作恶，甫转侧即大呕吐。喉干痛不能耐，思饮水解渴，而不知日语何名。同舱一华商，略通日语，以水之名词

---

① 即南洋公学。

告余。三等舱本无侍役，适一水手过，乃给以小洋两角，丐其取水，岂知取来者竟为海水，腥咸且恶心。是晚所受之苦为前所未经，同行六人，亦大都同病。

翌日风浪未息，船依然行。南洋、湖北同人之健者，至甲板游散自如。余羡之不已，终日未进食。傍晚稍平稳，野岛来慰问。西餐已不能再进，乃商备白粥，佐以咸萝卜，清爽胜珍味百倍。野岛视同人书生腐气未脱，谓此种咸萝卜为敝国贵重之物，每根值五元。当时咸信之，及后始知为戏语。舟过长崎入内海，如在中国长江。濑户一带，小岛参差互列，舟行其间，饶有奇趣。六人至甲板聚谈，念及前日过海之苦，辄谓未毕业前，万不欲重经此路。然明年暑假，则各自归国，若忘前事，而船晕亦然也。

抵神户登岸，至一日本旅馆小憩，一行四十人一拥上楼。初未知脱履之俗，及见室中满铺席，清洁无尘，正踌躇间，而旅馆主人及女仆咸赤足奔至，夺履而去，诚趣剧也。当日乘火车，包三等车一辆，颇自由。抵东京，在新桥驿下车。南洋、湖北诸人预定学陆军，由成城学校来人接去。余等六人则至日华学堂。日华为日外务省筹立，专备中国学生学习日语及补习普通科学。以文学博士高楠顺太郎为监督，宝阁善教驻堂管理。初在小石川区租一住宅充用，未几迁至本乡区西片町。北洋大学堂及水师学堂续来十馀人，即黎泽舒、王亮畴、金伯屏、张星五、张昶云、沈虬斋、王长信、张执中、高毅韩诸人。又吴止欺、陈玉堂等则自费，总计同学二十馀人。一年后各人分进高等大学，日华遂解散。留日学生以浙江蚕学馆之嵇慕陶、汪子健二人为最早，求是书院之何燮候、陈乐书、陆仲芳、钱念慈四人次之。慕陶在王子蚕学所实习，毕业后终身在杭经营蚕业。子健与燮候诸人，皆在日华，先余等一年而来也。

日华同人在本国时,大都学过英语。北洋诸人,英语已有根底,至是皆从片假名学起,大有尽弃前学重为小学生之意,加以远涉重洋不能得庄岳之益,心颇不平。馀人亦嫌其规模狭小,不欲久居。因是学日文,但求速解,于文法不甚注意。梁任公所著《和文速成法》,甚合同人心理。及分进各校,直接听讲,始知其苦。继与(兴)、补塘、翼之、意城,径入早稻田专门学校。① 是校有《讲议录》,可藉此自修。若帝国大学,除欧美讲师用书外,馀皆口授,讲义由学生笔记,习惯日语年馀,未易听讲自如也。余与伯屏进第一高等学校,同时进校者有燮候、乐书、念慈、止欺诸人。日华解散,即寄宿校中。一高寄宿舍分东西南北四寮,余等为练习日语,务与日本学生一起,分居各寮,相约见面时不用汉语,犯者有罚。初屡犯,后始习之,久之语言渐进步。惟作文以在日华时未下功夫,直至毕业,仍苦下笔之难。可见凡事如筑墙,须于起工时即将根基打坚。初期之留日学生,大都犯此病,甚可惜也。

一高寄宿舍,由学生自治,舍监监督之。每寮举学级高者四五人,分值各事。自修室每室十馀人,洒扫由各人轮流为之。寮有小使一人,任传递信札及来客访问等事,不能随意使唤也。寝室设长炕,可卧十馀人,日间不得在寝室。自修室至夜10时为限。夜膳6时已毕,各约同寮数人出外散步一周,归时大都至梅月吃栗饼(东京名产),或青木堂饮咖啡与可可茶,以为常例。每人所费约一角,各归自付,例不请客。余偶为代偿,虽铜元数枚,必照数见还,不欲相扰,其风气使然。自修至半,有同人发起组织"公司",初不知何义,后乃知合购煨山芋,每股铜元三四枚。此事若烦小使,则须给

---

① 文史资料版此句作"继与补塘、翼之、意城,径入早稻田专门学校",殆误兴(興)为与(與)。

以铜元数枚作酬之。

寮有自治歌，散步时数人为一列，横行道中，大声狂歌。一高学生，真有不可一世之概。是时尚无自动车（汽车），本乡一带亦无电车，故得自由如此。一高寄宿寮，学生酒醉，在所不禁，往往醉后约集十馀人，高唱校歌，游行寮内，甚或闯入寝室，将睡者自梦中拖起，作无谓之辩论。新入学之学生不知斯习，有不应或反抗者，则施以暴力。经多人解劝，若"战胜国"之兵，群呼"万岁"而去。尔中至者，以泥屐登人之榻，或以湿伞乱掷被头以为乐。余等在寄宿寮，委员等先事预防，不令风潮侵入寝室，然廊下喧扰经过之声，往往自梦中惊醒。余宿南寮，委员为藤井君，至时严扃寝室，自立户外拦阻。风潮中人，知藤井为老学生，未敢相忤也。此种粗暴无益之举动，以校风言，未能视为良善。而当时学校当局未禁止者，以一高为大学之预备，一进大学，即须恂恂若绅士，为发扬青年意气起见，故听其自然。例如每年大、高联合运动会，内有拉绳游戏，一方为大学，一方为高等。每年必由高等胜，奖品有清酒一尊，高等群举之高呼"万岁"以为乐。初疑入大学后，必运动减少，体力渐退之故，继知大学生以成人自居，故让弟视之高等；否则，自高等进大学之一年生，锐气尚在，亦何至遽弱至此。风潮之习，后持续若干年，旋教育家以为学生不宜粗暴若是，乃渐限制，闻近年已不复举行矣。

学生闹饭之风，日本亦不免。一高等寄宿食费是时每月五元，由自治寮委员直接招厨房承办，舍监仅监视而已。五元之费，每日三餐，平均不满二角，饭菜在内，厨房亦大不易为。日本风俗，每人分食，饭一小桶，不足可增索。学生饭量既宏，副食物又简，各寮饭厅客二百馀人，厨役奔走添饭，甚忙遽。副食物每 晨酱汤一碗，午膳、夜膳则冷肉或腌鱼各一片，佐以咸萝卜两小片，如是而已。如胃口不佳或鱼肉味败时，可与厨房易鸡子一枚，其小于中国产，平时例无添菜之事。试验中则每餐添食鸡子一枚，意在稍得滋养。余等在寄宿舍，甚感饭食之苦，每星期六及星期日，必约伴吃牛肉锅或中国面。在日华时，同人辄嫌饭劣，实则日华为中国学生特别设备，视一高丰盛远甚。是时同人至东未久，以日本制鱼多腥，未能习食，余与鱼有缘，常以鸡子与同人交换，得两份，遂有"鱼仙"之绰号。有河鱼一种名鲇者，夏日最鲜美。某日，以此飨同人，鲇身小，同人见者，指为猫鱼，弃不食，日华厨房大失望。舍监田代于日记上特记此事，谓"鲇鱼为进贡之品，中国学生以为非人所食，未免过甚"。各国风俗不同，未深知者，往往多误解事，斯亦一例也。

一高饭厅风潮，以某次自行军演习归为最甚。一高学生，每年仿军队演习，至乡间行军一次，外宿约三日，大半寄寓乡人家。乡人待遇甚优，各让出自己用室，备学生夜宿，并得温浴。乡人子弟多就学者，故看待学生若家之子弟，学生亦守规矩，不事骚扰也。行军分东西两军，攻击防御，与军队同。临时聘一士官评定优劣，亦实行军国主义之意。学生各着制服，负背包、枪械；余等则列入从军记者团，不作为战斗员，然出发及归营亦排列队内同行。肩背重物，行数十里，颇觉困惫，足部起泡，更不待言矣。余于某处下山时，偶不经意，足已离地，将下坠，幸道窄前后有人，得被扶住，否则将受伤。此次行军归校，适逾午，卸军装后，学生争就食。战斗甫罢，犹带战场粗暴气，厨役供给饭桶稍缓，即大声呼斥。有好事者，于饭毕后，起身将全桌盘碟倾地，叮当之声，闻者更动金鼓之兴。他桌群起效尤，饭厅遂成瓦砾场矣。厥后厨房以受损过巨，厨役与学生争斗，一时帚棍纷举。学校当事者乃召警察拘引厨役。是晚厨头向宿舍委员讲和,保释厨役,明午中餐,各加鸡子一枚以为酬,事遂寝。

日华在小石川区校址,与汉学家根本通明为比邻。是时东京中国学生除成城学校外,文学生仅日华十馀人。外出时,儿童见者,辄群集讪骂,呼中国人为"锵锵薄士"(犹言"南京和尚")。余等各置有普通西装,最奇者,当时各人在校,皆换穿洋服,及外出,则仍华装。所持理由,谓不懂日语,故不便改装,万一洋服出外,日人以日语相诘,不能致答,将大受窘,故不如本国装之自由。及后思之不禁失笑,衣服与言语,本不相关联;西装近为世界通行之服,东方人服之者必尽谙各国之语,亦势所不能。在成城者,出必制服,来往渐密,余等亦改装外出。然服饰举动,一望即知为中国学生。直至两三年后,远赴乡间,乡人闻东京口音,往往误中国学生为"江户儿"。斯时自信为言语纯熟,甚得意也。日华教日语,用英日课本,初上课时,教习之日语讲释,不能明其意,则比视英文。每遇复习,教习诵英语一句,余等以日语答之。余记忆迟缓,听英语后,必须逐字思考,方能以日语答之。若继兴、意城诸人,于课本默诵甚熟,不俟教习语毕,即顺口答背无误,愧勿如也。

在日华时,同人聚谈国政,革命之思想,发达甚速。每星期日,与成城同人之维新派会合(自湖北来者,有思想极旧之人,当时目之为顽固派,不相往还)组织励志会,假日本茶室为会所,上野三宜亭、牛边清风亭时往聚集,清茶煎饼,议论自由。励志会之组织,会员全体平等,不设会长;会中干事,由会员轮值。会时演说,或讲学,或论政,随各人意,绝无形式上之规制。而对于品行一端,极重视。某君在校,因事向日本教习赔罪,行和式伏地礼,同人以对外人叩头,引为大耻,提议除名。实则日人席地而坐,相见叩头,本为常礼。与中国之下跪乞怜,情形大不同也。会员演说之最激烈者,以湖北出身者为最多,如傅良弼、吴绶卿、蓝秀豪等皆其卓卓者。沈虬斋于会事最热心。民国后在北京曾大会一次。会员之为国死者,去其大数矣。励志会本身初未有实行革命之谋划,然汉口唐才常之役,及第一次第二次革命,皆有会员为之牺牲。励志会会员个人以义合,而不以会自相标榜,可称最纯洁之团体。其后留东者人数渐增,各会纷立,遂生党派。余素持不党主义,尤不以因人分党为然。孙中山、梁任公寄寓横滨,时或晤谈,但为道义之交,未闻其党事也。

日华课程,余所头痛者,仍为算学一门。进高等以前,凡普通科学,例须涉猎一过,余于寻常算学,已久纯熟。然代数几何,竟连续列入课程,数月间即毕课,学期考试,不知如何经过。若他日再以代数几何问题相质,几茫然如隔世。可见人之为学,凡与性质不近之科目,即勉强注入,未必有实益也。一高课程,日本学生所苦者为汉文,余等则为外国文。一高于英文外,尚须学习德文或法文,皆为必修科。是时口语程度未到,在讲堂听讲,不能即时明了。英文尚能自修,然检查生字,已甚费力;余选德文,几字字须查字典;加以日文亦尚须加功,同时三种外国文并学,其不能精进,盖必然之势矣。一年后进大学选科,遂将德文搁起。其后游德,虽藉此稍便旅行,然阅读书报,究未易即达其义也。在大学听讲,渐能笔记,惟教习演讲稍速,即不免空漏。赖有日本同学协助,归时假其笔记,详细补正。两个小时之笔记,修正时间,亦大都相等。日本同学以笔记相假,交谊始终不渝者,为中山佐之助、中西次郎、刑部齐三君,至今犹感之。

第一年暑假,因练习日语未停课,日华在盐原山中,赁得一别庄,全部迁往。盐原在东京之北,与那须野相近,有温泉,气候凉爽。是时交通未甚发达,下火车后上山易坐公共马车,式粗旧,路又崎岖,历数小时始达,颇困惫。近年路已筑平,自动车行驶自由矣。每日午前照常上课,午后游览各处。山中到处皆温泉,随时可入浴。散步时大都浴衣,汗多即浴,男女混浴,在所不避。旧历七月中,适遇光绪万寿节。① 光绪自上年政变,幽禁宫中,凡抱有维新思想者,虽非保皇党,对之皆表同情。同人有主张庆祝万寿者,遂议定假一旅馆开宴。日文部次官泽柳亦在盐原避暑,因之柬请其临席。高楠博士及各教习咸到。先期预备演说,由日语教习将原稿修正,子健日语稍优,公举其持稿宣读。及开宴,子健起立,滔滔照原稿背诵,无一字错误,竟为极自然之演说。客大惊许,以为子健必留东甚久,故语学纯熟如此,不知其临时暗记也。子健记忆过人,前已述之,惜是夏因患热病中途归国。当庆祝日,须悬挂中国国旗,山中不可得,乃以白布染黄色,张执中画一龙于其上,居然飘摇屋顶,略无逊色。凡人各有特长,一团体成立,自有种种人才发见。此国际小聚会,尚较故国交涉署之无谓铺张为得体也。

余留学时代,惟庚子(1900 年)暑假归国,其后皆旅行日本内地。是年同来六人,已忘其渡海之苦,陆续言归。自北洋来者,如黎泽舒及蔡、郑、安三君,亦同道至沪,谓将借暑假一览南方风景。余抵沪,先至公学,新建筑已落成,规模与出游时大不相同。伯哥②与师范同人之自远省来者,留校中休息,见余,争询东邦情形。余论及日本之革进与中国之萎靡不振,颇多激语。伯哥诸人,有主

---

① 光绪万寿节为旧历六月二十六日,此处谓旧历七月中,小误。
② 即章宗祥之兄章宗元。

张赴乡试者(时八股已废,改为策论,亦即末次矣)。① 余对之尤反对,谓今日正宜奋力实学,岂可再为科举所累!力阻之。旋访泽舒诸人。沈虬斋已先期回沪,皆同寓唐法麈(才常)宅。余至诸人卧室,诸人适外出未归。偶见书桌抽屉中有纸半露,无意中取阅之,纸上标印"富有票"三字,注明"持票兑换现金若干"。以为钱庄所出钱票,仍置原处。诸人旋归,杂谈中以所见票询虬斋,虬斋为言:唐与诸同志将在汉口起事,"富有票"作为军费之用,不日即启程,幸密之。余请同行。泽舒阻之曰:君年尚幼,宜回东读书,此时任我等为之。其意余无他能,不欲少年人无谓牺牲,良友相爱如此之厚。余翌日赴苏谒姨母,居数日,腿部忽肿起一物,化脓痛不能行。一处甫愈,他处又起,冉冉月馀。念及泽舒、虬斋诸人,亟欲至沪一探消息,为腿疾所阻。一日,忽接虬斋自大通来电,谓事败东行,姨母询何事,饰辞答之。急将电毁去。幸是时苏省官场尚懵懂,未及注意也。数日后,腿稍愈,至沪,始知汉口之役,唐与黎、蔡、郑、安诸人,皆遇难。傅良弼为鄂所派,于此役尤出力。被捕后闻受拷问颇酷,哀痛失诸良友不已。暑假期满即东行。虬斋述失险时,幸得钱念劬先生助力,痛恨鄂督张香涛,作书严诘之。是文一时传诵,虬斋以是颇得名。②

　　未几,义和团起,外国人在北京者,有性命之危。日本使署书记官犹原陈政③为义和团所毙。一时号外喧传,日本国民不无震惊。余等蛰居旅舍,不敢外出,虑为无知仇视也。犹原善华语,在华时,曾来演说一次,其言语举动,直与华人无异,惜是年竟遇难。

---

① 1900 年(庚子)尚未废八股,改策论,亦非末次乡试。
② 据《汪康年师友书札》,此文沈翔云(虬斋)主稿,章宗祥等人赞襄之。
③ 即杉山彬。

其子女二人，彦安①在日友家，后数年偶见之，年尚幼，天真烂漫，为表同情不置。是年胡伯平赴美国游学，与伯哥同行，美教习薛次偕往，过横滨，余往迓之。自是余兄弟二人皆得游学外国。公学初不以师范相拘束，余习法政，伯哥则习财政，其后归国任事，即以此为标准。同学中有习农工专门而改任行政官或外交官者。实业不兴，使有志之士所学非所用，皆以宦吏为生活之途，政府与社会之过也。

　　自进帝大选科后，先就下宿生活，月费自十二元至十八元不等。最高者室可得席八叠，并有眺望阳台，惟食物纯为日本料理。旋止欺、念慈、乐书、执中、朗斋诸人相约，合租一屋，余加入，共六人，始在本乡区丸山福山町，继迁至丸山新町。屋系新筑，与教育家棚桥一郎为比邻。其母绚子女史亦著名之女教育家，在余等所居之侧，另赁一屋。有女生数人寄宿其中，实习家政。其法使女生互任主婢，绚子女史则指示应尽之务，或自充来客，观主妇下婢之接待是否合礼，随时加以纠正，诚善法也。时继兴、补塘等，赁居喜久井町，仲芳及夏爽夫等，赁居神田区三崎町。时合居之风甚盛，食事雇日本下女担任。同人中有善于调味者，则自至厨中奏技，亦居然有本国风味。合居之乐远胜于下宿矣。所困难者为经济问题，每月支出往往超过预算。合居之人，月轮值干事，至月终，负筹款之责。神田区方面，友人聚集最多，常指仲芳处为"银行"，移东补西而已。有商人王铁斋者，明治初年，在东京为某大宦马车撞倒，断其一臂，略得恤金，以资贷人，盘其利度日。同人于资罄时，辄往息借，王虽为高利贷之流，然对于留学生一般颇表同情，余有

---

① 即章宗祥夫人陈彦安。

时亦与之通缓急。其后同人归国,王因索欠,曾亲至北京一次,同人皆厚遇之。王娶一日妇,没于东京,未闻其究竟。合居既厌,乃寄寓日人家庭。以友人介绍,与伯屏、星五借居中江兆民氏。兆民氏初故,其夫人携其子女各一人,在上二番町建一屋,藉屋赁充子女学费。自居一二室,以馀室出借,饭食归其供给。兆民氏为具有社会思想之人,生前不得志,家境甚贫,余等居客室,夫人相待若己之子弟,寒暖饮食悉注意。闲时就夫人杂谈,因是略悉日人中流家庭生活之梗概。子丑吉君,时年十四,尚在早稻田中学,后毕业于帝大法科。有贺长雄至北京任总统府顾问,丑吉君充其秘书,遂久留北京。著有《中国古代政治思想史》。五四之役,余伤仆赵家楼院中,丑吉君救护余至同仁医院,途中受学生殴击,亦受微伤,可谓生死之交矣。女千美子卒业女校后,适某富商之子。余与星五、伯屏,曹润田等续居其家。丑吉君居北京,润田与余皆以弟视之。游学时代居其家,常见其骑竹马游戏,其情景如在目前也。

在帝大听讲时代,最得意之事为乘自由车(自行车)任意游行。是时东京交通机关,惟新桥至上野、浅草有铁道马车。置铁轨车若现行电车,以四马拖行之,此外为马车人力车。马车乘者以显宦巨商为限,人力车数不多,价亦昂,与中国之黄包车以铜元数枚即可自由驱使不同。日本学生赴校,大都步行,其稍有资力者,则以自由车往返,然亦非多数也。胡伯平自美归,携有自由车一,道经东京,在丸山新町宅小住,宅有广院,余乃终日练习之。初须人扶持,以胆怯久未能独立行动。某日,偶独自乘行,一往直前,车倒微伤足,自是即悟乘用之法,盖自由车只须脚不停蹭,车决不倾倒,若停止即不能进行矣。人生凡事在活动,一不活动,在身体即筋骨变硬,在机械即轮轴生锈,实一理也。每届散学,教习乘人力车,同学多步行，余辈"自由车党"以书包挂车前，疾行超过，出赤门，大有俯视一切之概。同人中亦多置此者。富意城寓喜久井町，最乐与余并骑游芝公园。斯时道中无电车及自动车之阻，自由车之悠游自适，在今日求之不可得矣。

余辈留学时代，有一种纯粹求学更新本国之思想，凡遇彼新政，为本国所无者，不问何事，皆欲知其一二，不以学校讲义为限。至于他日回国可以用作敲门砖、自图进身等念，从未转及。故是时游学，初未扣定年限，并不以得文凭为惟一之目的。日人之有识者，皆以远大相期，如政党首领及著名学者，得有介绍，辄往访问，叩其经验并对我之意见。休暇时游历内地，考其风俗人情。若以学校课程言，或不如近年学子之精造，然一般常识及公共心之发达，似为当日之特长。

余辈以学生之地位，抱有两目的，一译著，以新思想输入本国；一招徕，务使留学及游历者加增。同人刊行《译书汇编》，余任编辑，汪衮甫、马君武、王亮俦诸人皆有译稿。发行数年，与学界中之最初杂志比较可谓有永久性。余译有《国法学》一书单刊发行。其余小篇，皆附印于《译书汇编》。又著《游学指南》一小册，凡日本各种学校及旅费、学费等项，一一详细登列。意在使内地有志之士，弃其乡处，从事远游。一时索取者甚众。是时留学生总会成立，设有会馆，余任干事之一。凡自国内新来者，先期函达会馆，干事即分往神户、横滨照料，上海则托王培荪经理其事。培荪创设开明书店，《译书汇编》及其他译著皆由开明经售。印刷则在东京。有兼木印刷所者，规模不甚宏大，而对于中国学界甚殷恳，因是大半归其承印。同人以听讲余暇，从事译者，谋利之见甚薄。其后戢元丞归国，创设作新社，收买译稿，遂有藉此充学资者，不似昔时之纯粹矣。

留学生会馆在神田区骏河台铃木町租得一洋楼,有花园,规模尚大。最初干事十二人,有范静生、蔡松坡、钱念慈、吴止欺任书记,陆仲芳、王小宋任会计,金伯屏与余任庶务,曹润田、张敬舆任书报,吴绥卿、高旷生任招待。壬寅(1902年)新年,公使蔡和甫宴留学生于偕行社。绥卿提议创办会馆,众和之,请蔡赞助,蔡称善。先是同人拟有草章,商之监督钱念劬。至是钱以示蔡,内有公使为总长之条,蔡赞成,并先竭力提倡。陆军同人于餐后同举起蔡身,以示欢。蔡初失色,嗣知为好意,始惊定,然喘息尚不已。日本军中有"朋举"之习,将受欢迎之人,高举置众人肩上,公呼"万岁",盖抬举之意,同人施之蔡,初非恶作剧也。会馆之议既定,月馀,开大会于锦辉馆,通过章程,选举干事,并推钱监督为副长,会馆于是成立。而团体既具,学界遂此多事,且因此亦渐分党派。干事办理会务,热心过度,大不满于会众。翌年期满重选,遂有会员提议,前举干事十二人,嗣后永无被选资格,同人亦以息肩为乐,不事争执。

数年以来,内地自费来学者日盛,适南洋公学有学潮起,三班学生多数退学。金季聪、叶尚之、任连城等,皆在其内。吴稚晖亦以意见不合辞去教员职,偕退学诸人来东,并携其子女同行,共二十余人。陈颂平之妹彦安,与余已订婚,亦附舟至,与曾曹理蕴(曾志忞夫人)、钱包丰子(钱稻孙夫人)、蒯龚图常(蒯若木夫人)、方君笋、胡彬(胡雨辰侄女)、华桂(胡雨辰侄媳)等,同受学于下田歌子女史,进下田经营之实践女校,即寄宿其中。时实践新筑未竣,寄宿舍另租一屋,离校颇远。舍监为时任竹子,与日本女生同居,纯粹日本生活。舍中备食及扫除皆由学生自任。女生所食,较男生更简,大都以腌萝卜及煮豆等为主要品。至于鱼类或肉类则绝对无之。中国女生对于食事之不便,可以想见,然习久亦安之。彦安在实践三年,迟余一年归国,在北京结婚。下田对彦安感情颇厚,其后在北京创办蒙养院,选择保姆等事,均托下田主持。彦安于毕业前数月,寄居音乐家幸田女史家。及行时再伴送至神户。以日俄正在开战,附乘一货船至天津,途中由下田托日本驻营口领事濑川照料,单身归国,幸无事。余与濑川迄未遇,直至民国十二年(1923),始见之于北京。濑川已罢官任东方文化委员会干事。余长女德馨,已二十岁矣。相与感叹久之。

吴稚晖偕来自费生中有志在陆军者,入校例须由公使保送。请之于蔡,蔡以非本国政府资送,不允。稚晖力争无效。时北京大学堂总教习吴挚甫(汝纶)以视察教育至日,稚晖乃拟互保之法,乞吴转请。吴热心说蔡,蔡亦不从。稚晖乃约集同乡及学生十余人至使署陈请。在客室坐候终日,蔡不见。及夜忽来日警追(迫)令解散,并拘捕稚晖及其同乡孙揆去。学界大愤,开大会推选代表向使署请命,以使署戒严不果行。电达外务部及各省督抚请保护,亦未获复。越数日,日内务省突发部令,以吴、孙二人妨害治安解送回国。学界更愤,决议全体罢学归国。东亚同文会及外务省颇忧其事,乃遣辻武雄及小林光太郎至会馆,与同人商转圜之法。翌日,会馆干事等至华族会馆,与同文会长子爵长冈护美晤谈,伯原文太郎亦在座。长冈谓,留学生如有意见,可由同文会代达彼国政府。为计便利,干事等归馆,乃熟商意见书致同文会如后:

(一)留学生入校事宜,由中国政府设总监督一员,专司其责。

（二）官费生由中国官吏咨照总监督。自费生由会馆干事二员保送于总监督，由总监省（督）转送入校。

（三）官费生可学诸学科，如陆军、警察等类，自费生亦得一律学习。

同文会得意见书后，与外务省互商，答复如后：

（一）设学生总监督事，俟中国政府决定后，日本应无异议。

（二）入文部省直辖学校者，可由左记之三校保请外务省咨送如下院校：（1）东亚同文书院；（2）弘文学院；（3）清华学校。

（三）志望军事教育者待俊福□少将归国后再行商议。

同人得复，以所争可有希望，遂照旧上课。至于使署，虽自后可无直接关系，感情则甚恶，于蔡个人尤甚。适贝子载振使英过日，参赞中汪伯唐（大燮）、唐蔚芝（文治）诸人，皆重视学界，贝子特至会馆与同人相见。对众演说有"诸生爱国"与"国家爱才"之语。同人由张执中为代表致答词，并请三事：（一）设总监督；（二）自费生得习陆军；（三）提倡设留学生会。贝子表示赞同，自捐巨款于会馆，各参赞亦资助有差，会馆经费因是渐有根基。贝子归国商之政府，即派汪伯唐充总监督。并以蔡有伤学界感情，调内用，改杨心恒（枢）为驻使。至自费生之学习陆军，得请总监督送入成城学校，毕业后即一律入士官学校。留学生与使署之争议，以此次为开始。专讲公义，不计私利，亦以此次为最著。

汪伯唐接任总监督后，极留意学界人材，尝约余等讨论新政。

余毕业归国,汪函介于沈子培先生①,余之参与修订法律,由此发轫。其后汪转任外部参议,对于引用留学生,甚尽提携之力。唐蔚芝在商部亦然。从前老辈爱视后进,确有一种为国求材之意,并非因有私谊提挈也。浙江监督为孙实甫(淦),孙在大坂营商,后由夏栋山(偕复)接管。湖北监督为钱念劬(恂)。南洋公学学生,亦由钱兼管。钱,湖[州]人,久宦鄂,与流俗不合,待学生甚诚挚,稻孙、燧孙其哲嗣也。

北京大学堂成立,张冶秋为管学大臣,锐意求新。聘吴挚甫任总教,先使至日考察,以荣竹农(勋)、绍月荃(英)二人副之。并于留学生中选吴止欺、张星五及余三人随同考察,任译事。吴桐城学者,主讲保定书院,芝瑛女史乃其女也。② 于中学无所不通,性耿介,鉴于时势,不执旧见,年逾六十,亟亟以讲求新学为事。自来日后,文部省派员逐日先讲学制,以资实地视察。余与止欺、星五三人,分任翻译,访问教育诸大家,聆其经验,获益不凡。惟某日吴与根本通明博士谈《易经》之学,适余任翻译,语涉卦义,竟不能传述,二人乃笔谈。专门术语,译者即通其音,往往不能得其义。翻译之职,良非易事也。吴考察约半年,归国后以考察所得,刊行《东游丛录》一书,呈之张管学。后托病回皖,未就职。北京风气闭塞,张管学为旧党所嫉,吴尤不见谅于斯,因是不复至京。居乡年余,以饮食不慎,得病去世。在东时日人慕其名,日来求书,吴晨夜执笔应之。余等在侧,以其事冗,不敢求。仅为会馆乞得“为国自重”四字。个人竟未于是时得一纪念,今犹惜之。

---

① 汪大燮为修律大臣沈家本(子惇)女婿。1903 年章宗祥回国后,追随沈家本参与修律,关系甚密。文史资料版此处“沈子培”疑为“沈子惇”之误。
② 应为侄女。

某年夏，与吴止欺作北海道游，以内阁书记官南弘之介绍，北海道厅接待甚殷勤，于考察各处导引周到，寓札幌头等客寓。止欺意与道厅周旋，非此不足以维持体制也。此行自东京上野乘车，先达青森，由室兰换舟至函馆，舟行一夜。函馆为北方通商口岸，有华商在此经营海产业，岁输出入约百余万。湖人潘小洲设号多年，约往其家。归时，适遇地震，余等已睡，主人促起出院避危险。余初以在东京常遇，不甚在意，高卧未起。忽因房屋震动，壁间所悬油灯，有跳出意，乃大惊，奔室外。此次地震甚烈，函馆失火之家，约逾数十起，是时尚未用电灯也。铁路亦受损坏，夏爽夫诸人亦至函馆，先余等二日行，中途竟遇车断，须步行十余里。余等在札幌，参观麦酒厂，厂中以黑麦酒相飨，甚美。及归客寓，止欺哑再罄一瓶。两人均无酒量，止欺竟因此大醉，使能饮者闻此，将失笑矣。两人携旅费无多，原备一星期之用，及将行前夜，预计旅囊，竟因误算两人所费为一人，非坐三等车，不能至函馆。止欺不欲三等，乃电小洲，请其电汇三十元。以坐候无味，复游小樽，观筑港，及归寓得复，电文内仅二十元，益以小樽一日之游，又不敷应付。因又电小洲乞续汇。汇款再至，邮局亦来更正前数之误，岂前次有意蒙混也。归途船室仅一等三等，而一等已售完，止欺竭力与船主商，无以允。以旅费有限又不能再候，乃以三等票在一等休息室坐憩。及晚，微有风浪，余乃向船役借一绒毯，归三等卧。止欺则在休息室一宿。余乘舟亦不喜三等，以其嘈杂欠清洁之故，然遇不得已时，亦尚能勉强。有人议余有贵族习气，实则好洁则有之，非绝对不能平民生活也。日本学生尚俭，寻常旅行大都坐三等车。中国学生至外国，往往欲维持绅士体面，若深悉此邦风俗，将爽然自失。某次，余与伯屏、仲芳诸人游叶山，寓高等旅馆。将行，以旅费不敷,车票只可三等,同人不欲使旅馆代购,乃由伯屏自购红票(即三等票;二等蓝色,一等白色)分给同人,以为旅馆必未知之。讵知旅馆甚亲切,届时群至车站相送,向三等中余辈施礼不已。余等颇不适。然旅馆中人,因以为学生生活如是,并未以红票之故轻视也。

日本气候潮湿,所食白米,制造过精,易致脚气病。该病有急性、慢性,急性侵入心脏即不治;慢性无生命忧,然不能行动,疗养需时。某年春季,余惧此病,至箱根山上底仓静养,独居月余,甚感孤寂。山居亦有其乐:(一)温泉浴,(二)散步,(三)多读书。凡此三者,皆为医生所禁止。温浴虑伤心脏;步行则腿本无力;读书过多,又虑妨害神经。生平所历境遇,以此时为最孤寂。谈话无友,销此长日,如度永年。一木喜德郎博士著有《国法学》,因每日翻译少许,藉以消遣,积久亦成书。自觉此等工作,尚不甚惫,然未令医生知之也。底仓在宫之下,旅馆不多,温泉甚有名。嗣后游箱根,仅经过未再往宿。

留学时代,对于日本通行之娱乐,不甚有兴味。是时活动写真(即影戏)尚未发达,开演时有辩士在场说明。因言语未能尽通,反觉其扰乱神志。戏剧以旧派为高尚,歌舞伎座为代表之剧场。然不明历史上之源委及其古代说白,长坐终日,辄生倦意。维新剧描摹近代社会之风俗人情,谈话皆通用之语,在日人往往讥其浅陋,而余辈则以其易于了解,颇乐就之。毕业将归国,中江家约伯屏、星五及余至明治座观新剧。剧中情节为一绅士因误听恶友之戏言,不加察考遂杀其最爱之妻。描写穷形极致,杀妻时鲜血直迸,令人不忍卒视。伯屏尤感动,归途谈论剧情,辄谓某绅士何以不自说明,致罹此祸?答以此剧本非事实,悲剧固应如是。伯屏仍叹惜不已,可见新剧之感人深矣。此外讲谈落语,类有俗语及趣辞,引人笑乐,偶往寄席(即书场),一听他人哄笑,当时往往不明其所以然,事后追思,或经人解说始悉其妙。语言程度未到,竟无可相强也。

留学界于数年中人数增至数千。各省以同乡会为主体;总会以人数过多,已不能成立。会馆形式具在,渐不如初立之有精神。留学生对于外交及内政各问题,以在外受刺激开会演说及发电呼吁,几无虚日。热心国事者几置校课于不问,日以奔走时务为事,于出洋求学之旨盖未免相背矣。余自任会馆干事受攻击后,对于大众开会各事,不甚过问。时日俄交恶,战争将起,时有人提议组织义勇队,赴东三省前敌与战,女学生则充看护妇。一时各同乡会响应,留学界几有再散之势。王小宋(璟芳)诸人主持最力,亲至各处劝说。余等寓中江家,适将受毕业试验,乃与润田至箱根避之。大凡群众附和之事,若以正理答之,必不见听,其结果乃得"不爱国"之绰号。以留学生任义勇队,为他国牺牲,非智者之计也。其后义勇队问题自无甚结果。余等归国后,范静生等创速成政法诸班,于是内地来者云集,达三数万,人材突起,革命元勋,由此出身者无数。而学界之不靖,遂成定势矣。

帝国大学以高等学校为预科,高等三年毕业后始得入帝大正科。余在一高肄业仅一年即入帝大,故为选科生。听讲科目全习或酌选,可随意同时进行。一高之乐书、燮候学工科,以数学不能躐等,皆在一高毕业后,进帝大正科。其学法科之念慈、止欺等,与余同进帝大选科。此外自北洋大学来者,英文、数学已有根底者,如星五、执中、朗斋、昶云、长信诸人,未进一高,即径入帝大选科。故第一期帝大出身者,以选科为多数。其后余等毕业,自北京大学送来之学生,初次为朱伯渊、余戟门等三十三人,皆先在高等毕业升入大学;续至者均循此例。近年并须与日本学生受同一竞争考试,始能取入大学,较初时难易不同矣。

帝大正科毕业者称学士,当然为学士会会员。选科出身者,亦得为会员,惟不列席于毕业式。帝大毕业仪式极隆重,文部大臣亲自到场,优级生得受皇室之奖品,同时发给文凭。毕业之人,持文凭归家,亲友均咸聚贺。中江家于是日亦特备红豆饭,为余等致祝。余等因是选科文凭,须翌日[始]能领得,颇有寂寞之感,特与星五、执中诸人,至芝浦日本料理店畅饮,日终乃归。同一听讲受验合格,而规则上必加歧视,少年人遇此,有不平意,亦属恒情。今日思之,亦自笑科举之念未尽净除耳。

考察欧洲法政小篇

法国内阁政治说略（法政小篇之一）

　　岁在辛亥，余以万国卫生博览会事赴德，顺道周历各国，考察其政治、法律。所至辄浼留学是邦诸彦为之搜辑材料，所得颇夥。归国倥偬，未暇整理。今拟略加别择，编辑成书，以不限体例，不分次序，故名曰"法政小篇"，冀饷同志。适《法学会杂志》赓续出版，乃先按期付印，一俟积成卷帙，更当刊本单行。此《法国内阁政治说略》，系钱君泰所编译。脱稿后，托王君继曾携归，偶于途次遗失，而钱君亦未留原稿，致烦重为编译，于一月前甫自邮至。余以其足为我国政治家参考者良多，因首刊之。章宗祥志。

第一章　内阁政治之元素

　　内阁政治，源自英国，萌芽于十七世纪，而大盛于十八世纪。百年以来，风靡全欧。若法国，若比国，若奥国，若荷兰，若意大利，若西班牙、希腊、瑞典、脑威、丹马之属，莫不采用内阁政治。其未采用者，仅美国及美洲诸共和国、德国、俄国、瑞士而已。法国之采用内阁政治，自一千八百十四年始，而实行发达，则在一千八百七十年第三共和朝之后。内阁政治之元素有五，非此则不足以称内阁政体也。试分陈之。

（甲）内阁政治者，政党政治也。凡内阁诸总长，必须选于议院中大多数者信任政党首领之内，而尤宜于下议院大多数中选任，因下议院与民情最通。内阁诸总长虽法律上无必在议员中选任之明文，然习惯上非议员不能为总长，因诸总长须得议院之信任，并须对于议院负责任也。议员入阁后，仍不失其议员之资格。学者因此遂有谓总长实系议院选举者，总统任命不过具文而已。此说未始无因。盖政党坚固，得议院大多数信任时，总统有不能不任用该党首领之义务，非此则内阁不能持久耳。

（乙）内阁诸总长应有同一之目的，故内阁总理由总统于大多数中选任后，其各部总长例由总理自选，而由总统任命公布之。内阁总理主持全内阁进行之方针，对于议院负有全内阁之责任。倘内阁诸总长意见参差，则诸多掣肘，偾事必多。故必由总理自选同僚，相知有素，同一进行。夫谓内阁应有同一之目的者，非谓内阁必以一政党人员组织而成也，内阁往往由数政党人员选合而成。但内阁成后，诸总长必须承总理之指挥，暂屈其一己之政见，而以内阁方针为前提。总之，政见不合，可不入内阁。既入内阁，则必须有一致之方针，而不容有私见存于其间也。

（丙）内阁对于议院负有政治上之责任。如内阁失大多数信任者，内阁应即辞职。

（丁）总统不负责任。总统为一国最高之行政长官，故必使其立于政党之外，不以内阁而动摇。故总统不能入议院宣言，其命令布告一切皆由诸总长副署之，而代负其责任，总统实际上虽无权拒绝内阁所陈请应办之事，及施行内阁所不愿施行之举，惟总统于内阁会议时，系其主席，可施行种种之劝告耳。

（戊）内阁与议院异见时，总统有解散下议院之权。此解散之命意,与不采用内阁政体国之解散异。解散下议院者,并非偏重内阁,更无示威之意,不过以下议院于内阁政治中实握有最强之权力,倘无解散之权,则议院有时可违背舆论,强内阁以不可行之事。故内阁自信为顺于民情,虽经议院之弹劾,可不辞职。由总统解散下议院,以求国民之解决。倘第二次选举反对内阁党议员仍属多数,则国民已以下议院以得直,而内阁不能不退。否则国民如以内阁为是,而选举与内阁同意之议员,则内阁得直,而前议院之不洽舆情明矣。

以上五条,实为内阁政治之精神。国无论君主、民主,莫不遵是而行。内阁源于议院,议院源于国民,内阁受议员之监督,议院受国民之监督,互相牵掣,互相维持,以国家为前提,求同一之进行,固非以政党私见推翻政府为内阁政治也。

第二章　内阁之组织

法国内阁以十二部组合而成,分则为十二部,合则为内阁。十二部之外,无所谓内阁或国务院也。英国有以非总长而为阁员者。法则否,内阁总理必领一部,自领内务部、外务部或度支部,随时势之缓急而定之。内阁总理由总统咨询上下议院议长,于议院中大多数中政党首领任命之。其各部总长,则由总理自选,而由总统公布之。其十二部之分配如下。

一、内务部。

二、法部(法部总长兼掌国印,又为稽勋局及参事院长)。

三、外务部。

四、财政部。

五、陆军部。

六、海军部。

七、学部。

八、交通部。

九、农部。

十、工商部。

十一、殖民部。

十二、社会劳动部(掌一切工人与厂主之交涉,工人养老金统计表,及一切关于工人之事)。

各部事繁者设次长,亦由内阁总理自选,由总统任命之。内阁总理辞职时,次长一律辞职。总长与次长之权限,由总统以命令规定之。次长大都专管部中一部分之事。现有次长之部如下。

一、内务部。

二、财政部。

三、学部(专管美术局事务)。

四、交通部(专管邮电事务)。

总长、次长之下,设有总、次长官房或秘书厅,由总、次长自选其所信任之司员四人或五六人不等,以组织之。其职务在将各种事务分配于各司,预备一切议案,为各部中统一指导之机关,纯系政治性质。故各部总、次长辞职时,官房各员一律与之俱去。

附注:内阁总理自领之部有二官房,其一为内阁总理官房,其一为本部总长官房。内阁总理官房施行关于内阁全体之事件。

第三章　内阁会议

各部总长以一身而兼二职,在本部为一部中最高之长官,指挥监督本部一切事务,在内阁则为阁员之一人,执行关于内阁全局事务。其关于一部者,由本部总长决定之,或呈请总统决定施行。其事关全局或关于一部事机重要者,皆由内阁会议以多数取决之。内阁会议有二种。

(一)总统府会议。此会议系由总统主席,会议所决之事,由总统以命令公布施行之。通常每星期二次。特别会议不计。

宪法及通常法律上制定某事必须总统府会议决行者,例如任免参事院院员,及解散县议会等事,内阁如不依法律而行,被害者得控诉于参事院(法国行政裁判所)。

(二)诸总长会议。凡会议远不及前会议之紧要,由内阁总理主席,总统不与焉。所议之事,大概为预先筹议,以待总统府会议决行者。通常每星期一次。

此二种会议,纯系秘密会议,他人不得与议,并无书记记载一切。会议后内阁往往将本日决议之事及其意见,通告报馆,然此并非必要也。

第四章　内阁与议院之交通

(一)法国内阁阁员与英国异,为宪法所规定,无论其本为议员与非议员,皆有随意入议院演说、与议、宣言之权,议院不得拒绝之。如阁员本为议院议员,则于本议院仍保守其议员之资格,与议投票,并得入他议院演说。

例如阁员本系下院议员,入阁后仍保守其下议院之资格,并得入上议院演说。各部次长亦有入上、下议院与议、宣言之权。

(二)各部总长以总统名义提出政府议案。有时政府议案情形复杂重要时,总统得临时任命政府委员数人,入议院与议,以补阁员不逮。因阁员往往于专门学问非其素习,故政府委员实为内阁政治之要点。其人大概皆系各部司长,久于部事,情形熟习者。

附注:政府议案与议员提出议案不同之点有三。

甲、政府议案除关于财政议案,例须先交下议院决议外,得随意提出于上议院或下议院,议员议案则必于议员所属之本议院提出。

乙、政府议案径付议院决议,无须先交审查委员会审查。

丙、政府议案经一议院议决,系由政府移交他议院审议。其议员议案议决,则由本院议长移交他议院议长审议。

凡阁员所提出之议案,皆为政府议案。此议案系由总统签字,以总统之名义提出,非以阁员名义提出,特阁员代为执行耳。因宪法上载明惟总统及议员有提出议案之权,故阁员虽辞职或他去,其在阁时提出之议案,仍不失其政府议案之资格。惟习惯上每一内阁辞职,例由内阁总理请总统命令,将本内阁之议案提回,因不欲以前内阁之议案,使后任内阁代负其责任也。

(三)议院议员如因事请阁员到院者,阁员有必须到院之义。

第五章 议院对于内阁之监督

内阁政治之元素。议院对于内阁有常川监督之权。其监督之方法有三,上、下议院皆有此权。一、质问。二、诘问。三、稽查。

(一)质问者,议员对于内阁全体或一部之举动,有未明或不合之处,请阁员明白回复者也。质问分二种:一、口问;二、笔问。

甲、口问。质问之议员,须先告阁员,有质问某某事件。阁员得拒绝不复（与诘问异）。质问时，只有质问之议员及被问之总长相问答，他议员不得发言。质问者得质问二次，质问后并无投票之事。

乙、笔问。议员将欲问之事书明交与议长，由议长送交阁员，阁员须于八日内回复，并将答语载入公报。

质问可由质问之议员提议，改为诘问。

（二）诘问为内阁政治最要之点，较质问为重。一议员或数议员得提出诘问。诘问不得用口问，必须诘问之议员书明情由及诘问之事件，交与议长，由议院定其诘问之日期。其关于内政诘问，所定日期不得在一月以外（因恐议员之少数为多数议员所压制，故意延缓其期也）。其关于外交诘问，议院得随意定其日期，因外交或有须秘密之处也（惟下议院得以二十人、上议院得以五人以上之提议，开秘密会议）。及期，内阁总理或被诘之部总长，有必须到院之义务。诘问系议事性质，议员皆有发议之权。即原提出诘问之议员，愿将诘问提回时，他议员得继续诘问。诘问之事或关于内阁全部，则由内阁总理代表同僚回答，或关于一部之事，则由该部总长回答。诘问之结果为投票，投票分三种：

一、不定断语之票。议院于诘问之终，投票声明诘问已毕，并不书明信任或不信任。

二、信任票。议院声明内阁所行之事，与议院意见相同，投票表明同意，坚其信任。

三、弹劾票。议院声明于内阁或一部总长所行之事，不表同情，投票声明不信任。

信任票之〔不〕通过，或多数投票不信任，或多数投弹劾票时，如关于全体者，内阁有立即辞职之义务，如关于一部者，则该部总长应即辞职。

（三）稽查。两议院得于政府行事有所疑难,举定议员会调查其事。此议员会得行种种之调查,惟不得侵犯司法及行政之权。限其调查之结果,或为诘问政府,或为提出议案,改良一切。

第六章　内阁对于议院之责任

内阁对于议院负内阁全体之责任,并代总统负其全责,因总统公文皆由内阁副署也。

甲、政治责任,为内阁最要之点。政治责任多于诘问后发生。议院如未通过信任票,或通过弹劾票,内阁有辞职之义务。

政治责任分二种:（甲）连带责任。凡关于内阁全体之事。议院于诘问后,不表同情者,内阁全体应即辞职。（乙）单独责任。凡关于一部总长所行之事,无关全局者,议院不表同情,该部总长应即辞职,内阁可无须辞职。然内阁总理如以该部总长所行为是,可代为辩护,提出信任票案,倘不得信任,内阁一律辞职。

附注:法国习惯,不但信任票不通过、弹劾票通过,内阁例须辞职,即信任票通过,而多数之票与少数之票相去无几者,内阁亦往往辞职。例如议员六百人,投票信任者为三百十人,不信任者为二百九十人,内阁往往辞职。因多数太弱,将来政府施行一切,必多困难也。

如议院不表同情,而内阁不肯辞职时,议院得拒绝预算或政府议案,或拒绝与内阁交通,以要其辞职。总统亦得以其任免官吏之权,罢黜内阁,另委新内阁总理。

如系单独责任,而该部总长不愿辞职,内阁另有一法,间接令其辞职。其法为内阁诸总长一律辞职,由内阁总理重组内阁,其他部总长仍旧,惟被劾不信任之总长不复在阁矣。

附论:上议院投票不信任内阁,内阁应否辞职,学者每多辩论。因内阁制度来自英国,而英国上议院并无推翻内阁之权。且上议院不能解散,倘任其推翻内阁,与内阁政治相背。故颇有主张上议院不信任内阁时,内阁可不辞职者。然法国宪法上、下议院并无轩轾,且皆系选举,与英国上议院不同。又实际上上议院如不信任,内阁有不能不辞职之势,因上议院可拒绝预算案,以要之也。

乙、刑事责任。内阁诸总长犯罪时,除主管裁判所得依常例审讯外,其在职分上犯罪者,并得由下议院提起公诉,由上议院临时组成高等法院审判之。其所犯之罪,不必为刑法上所载明,并得由高等法院临时定其罪名(与常例异)。例如开战之不宜、条约之失当,皆得由下议院提起公诉,上议院审问也。

附注:高等法院由总统命令,以上议院全院组成,专事审理总统①卖国罪,各部总长职分上犯罪及国事犯等。

丙、民事责任。凡各部总长不依预算,私用公费,或对于个人有非法之举动时,除政治、刑事责任外,得由国家或个人要求该总长之损害赔偿。

附注:民事责任不及刑事责任之有效,因法国学者于承审此项责任之法院颇多争论也。

第七章　内阁与总统之关系

总统为法国一国行政最高之官,故宪法上总统有种种之特权。

---

① "统"字似当作"理"。

然以采用内阁政治之故,总统不负责任,实际上施行种种特权者乃内阁,非总统也。总统所行之公文、公函、公电,赦罪之命令种种,皆须由内阁副署,而对于议院代负其责任,否则无效。(其关于全部者,内阁诸总长副署之,其关于一部者,则该部总长副署之。)凡总统所发之演说、口述等件,无可副署者,亦由内阁代负其责任。其总统欲行之事,内阁以其与议院之意相背,不愿负此责任者,阁员可拒绝其副署(总统辞职书无须副署,因此系个人之事)。总统不能入议院,故总统有公布等事,皆由阁员代宣读于议院。其政议案亦以总统名义,由内阁代提出于议院。

凡各部施行重要各事,及任免官员等,皆由各部总长呈请总统命令公布之。若总统以为不可者,可尽其种种之劝告,议长不得拒绝之。因各部总长对于议院负有责任,可由议院决其是否也。宪法上总统有任免各部总长之权,然实际上内阁总理必须于议员多数政党中选命,而他部总长则由内阁总理自选。至罢黜总长之权,总统只能如上章所言,于内阁不得议院信任而不肯退位时施行之。倘内阁得议院之信任,而总统偏予罢黜,则总统与议院相冲突,必陷一国于危境也。

凡内阁与议院意见不合时,例如议院投票弹劾内阁,而内阁自以为洽于舆情,不愿退位者,总统得以上议院之同意,解散下议院(上议院不能解散),以待国民之判决。下议院解散后,必须于二个月内举行选举。选举毕后,于十日内必须召集。倘新选议院与前议院同意,而以内阁为不合者,内阁应立即辞职,总统不能解散第二次。

附注:法国自一千八百七十七年以后,从无解散下议院之事。内阁一被弹劾,退位如恐不及也。

　　总统薨逝，或辞职，及他故出缺时，于新总统未选举以前，由内阁会议摄行其职务。

第八章　内阁之更迭

　　内阁更迭时，其总长、次长及秘书厅（或曰官房）各员一律辞职，其余各司科长员均仍其旧，以官规升迁，不以政府而变更也。

　　内阁更迭原因如左：

　　一、内阁总理病故。

　　二、内阁总理因疾病或他故自行辞职。

　　三、内阁总理因不得议院之信任而辞职。

　　四、总统罢黜内阁。

　　如一部总长出缺时，得由内阁总理另选一同僚，不必有影响于内阁也。

英国内阁制度概论（法政小篇之二）

是篇为林君行规所编辑，余在英考察所集材料，率由林君任编辑之责。已成者为本篇及《英国行政各部制度概论》《英国度支考》《英国庶职考试法》诸种，惜后二种稿失，不可复得，今所存仅前二种矣。因亟登之。章宗祥志。

内阁之界说

内阁由历代相沿习而成。英之宪法，其律文与现制往往多离异之处，考其故，盖主治者常循法以明信，新政以应变，是以事易举而俗不争，相沿既久，名实益驰。故考其因革，当征诸前史，按诸今事，非追溯法令之源流所能尽也。此于英国宪法莫不如是，而于内阁之制尤信。

法律上之内阁。内阁为英经常之制，虽已垂百年，然其名称未尝一著于律令诏制。其职官仍未有衔称，故法律上称谓君主之臣仆。其会议之所仍未列为部院，故无一定办公处，无办公经费，无僚属庶职之部分。按英法，朝廷行政有违背法律者，预政之臣皆受处分，不得以奉君命自护。凡诉讼未成谳前，不得出赦令免议，此即大臣个人责任也，非内阁公共责任也。此固英中世简陋之法，然今日之法亦尽于此矣。

历史上之内阁。自承继大统之议起,废嫡派,立外戚,而党派交替执政之局成。自笼络议会之术穷,清官途,伸士气,而内阁公共责任之议行。自选举之权既广,代表之风日炽,据议员之向背,为通国之好恶,凡颁一律,筹一款,有不能通过下议院者,即为失信望之明证,而大臣进退之期遂定矣。古之习尚,今之成例也,积渐循旧,而内阁之梗概具焉。然既以下院之归望为内阁之任期,大臣不得不严政党之组织,督议会之行事,是以服从之例益苛,而议员之权益削。此其制所以不致大臣垄断政权而止者,独赖舆论之于选举,反对党之于纠察行政二者砥柱之力也。夫英自查理士第一(Charels Ⅰ)后,政府非得议会之欢心,不足以行政,后世尚未足,必使大臣受成于下院而后已。虽然,欲使其得下院之归望,率二院之行事,能保其不主持议会乎,欲制之而转为所制,岂立法者之本意乎?

内阁之界说。历史如是,界说不难定矣。曰:内阁者,英政权所集之机关也,其大臣皆为议会之绅爵或议员,各部之长官、枢密之议员,分事则各有掌职,会议则协决要政,受官于君主,受成于下议院,而督议会之行事。此实英今日之内阁也。枢密院(The Privy Council)及政府(The Ministry),其制与内阁(The Cabinet)相似而不相同,不能不辨也。凡施政决策,成议于内阁,请训于君主,常由枢密院宣布之。枢密院在御前会集,由诏诰局秘书(The Clerk of Crown)征召内阁在首相前会议,由其记室(The Private Secretary)傅知枢密院,行事皆载诸典册,颁令皆揭诸官报,内阁议事皆秘不外宣,且禁止记录。盖一为定策之地,一为承宣之府也。英通俗所称政府者,即包内阁同进退之职官言也。凡在宫廷执职重要(如内侍大臣 The High Hamberlain)、禁卫执法官[（The Lord High Steward）、厩马司、宫服司之类]，法律顾问官（The Lawofficiers of the Crown ）及各部政务次官（The Parliamentaryunder Secretaries）皆与内阁同进退，且与内阁合称谓政府，然皆不入内阁。盖职掌既有政务官与庶职官之分，而政务官复有机要与闲散之别也。

英内阁之特别性质

夫设一重要政枢，佐上宣治，专其职以课其成，此制治所当然也。然英国之制，（一）内阁于官制有其实而无其名；（二）内阁大臣非为贵族院之绅爵，必为民庶院之议员；（三）大臣负公共责任而受成于下议院。此何也？曰：此固不必然而然。

内阁所以不著于宪章。枢密院之衰微，即内阁萌芽之端也。枢密院议员，古时皆由君主亲信之臣充之，故亨利第八（Henry VIII）时仅十一人，而爱立斯勃女主（Queen Elezabath）时，其议员多系执政大臣，率有专职。迨后世争得其衔称以为荣，封赐日滥，人数益众。十七世纪末叶中兴时，查理士第二鉴先朝之弊，为政尚秘密，故集枢密院会议，惟召其亲幸之臣而遗其疏远者。故当时已传枢密院有内房（The Inner Circle）与外房之分。内房者，实后之内阁也。查理士第二崩，其弟及姆第二（James II）立，及姆出奔，英迎立其长婿威廉第三（William III）、其长女马里（Mary）同临英国，而威廉遂依政党巨擘以为政。威廉崩，及姆第二次女安五（Anne）立。安五亲揽政务，常集枢密院重臣面议要政。安五崩，无嗣，议会遂遵《王统承继律》（The Act of Settlement），迎外戚德诸侯亨那弗王佐治（George King of Honover）为英王佐治第一。佐治第一及第二父子二世时，政党之根据益固，且父子均不习英语，若（苦）与大臣议政。终二世之时，惟开御前会议二次，而二次所议者，皆君主莅议会开会之宣言而已。君主既不主座议政，则必有大臣起而代之。佐治第二时，华尔破（Walpol）执政，尝能逆君意，黜其同僚辟伦（Pelham）氏为政，尝能拂君意，举其所信。故首相之称始起。佐治第三亲政，恃禄赏以笼络议会，务使绅爵议员尽为阿徇之臣。行之十余年，政乱民瘵。及美属叛英自立，民气骤振，不得已擢故功臣子辟脱（Pitt）为相。辟脱为政先后数十年，能得议会之信望，而内阁之制自是定矣。人尝称华尔破为首相。华曰：君主之臣仆，同预国政，岂有崇卑哉？此岂华氏有所谦让不遑耶？殆不敢自居以弭争执耳。盖内阁亦犹是也，其成也，时势之所趋也。当其未成，根蒂未固，一著诸宪律，必为争端之所萃。俟其已成，其制度固已昭著于耳目，不待垂诸典章而后明也。此内阁所以自肇端至今日垂二百余年，而仍无成文也。

内阁大臣必入议会。一千六百十四年，执政大臣在议会提议国事。下议院质问本院言，大臣若非议员，是否有提议之权。此题当时未决。然征诸历史，古时大臣曾在议会发言者，固举不胜数也。王统承继律令原案内有条款二：一禁止大臣充民庶院议员，二凡向由枢密院办理之事，皆归枢密院掌管，而议决举行之事，由预议者署名。此二款于一千七百零五年律令未行前续议削除。然则内阁大臣之入议会，固非议会之本意也。古时英收赋税之法未精，军事之费、宫廷之需，非得人民报效不可，而议会之缙绅代表，实为率领输捐之人，故集议会以敛财也。爱德华德第三（Edward Ⅲ），世称英明之主，尝集缙绅，登坛痛诋法王之侵凌英国，人民大悦，纳家产什一以供徭戍，而宣战之令立布。及后世议会之权日

盛,非由议会定税则,不得征敛人民,而议会筹款往往预先指派国
用,故非集议会不得以为政矣。设使以刑罚威胁人民使纳税,人民
或有服从者。然高等司法官自王统承继律后,非得二院会请,不能
罢黜,非复行政官所能用矣。设使以兵力威胁之,或能迫其纳税。
然海陆军用费,每年由议会指派,而训练陆军之律,自一千六百八
十九年威廉第三发表人民情愿书(The Declaration of Right)后,悉
以施行一年为限,逐年由议会更布,故大臣非系议会之人,不能动
其听而遂其行事也。

大臣之责任。英政务官之负责任,其肇端实本于古之法训
(Legal Makier)。法训曰:君主至圣无过(The King can do no
wrong)。是训也,实具二疏焉,一曰君主不受责任,则行政有失,大
臣当受其责;二曰大臣既受责,则君主行政必资大臣。君主不受责
任之义,十四世纪初叶亨利第三时已盛行。君主虽至圣无过,然所
行之事,实属有损丧公益,势不能不归责于朝臣,故十四世纪末叶,
议会弹劾(Impeachment)大臣之风渐起。迨后弹劾无效,议会变其
术,废审判之法,颁律令(Act of Attainder),诛罪臣之身,籍没其赀
财,而禁其后裔为贵族。查理士第一时,三年间大臣以被劾坐罪者
凡十余人。此仅大臣刑法上之处分而已。其行政有干民法者,裁
判所亦常伸课罚之权。佐治第三时,《北英报》(North Breton)言涉
宫事,国务大臣海立弗出牒,使其书记督率禁卫搜检该报馆,并捕
其罪魁。业主控诉于高等裁判厅。法官谓:出通牒以与僚属,不
填注犯者之姓名,不开列所搜之物件,任持牒者之臆断,令排闼入
民宅。若是则人民之性命财产将安恃乎?且国务大臣,其掌职初
仅为君主之书记,而枢密院议员亦仅为君主垂询政务之臣,非县官
也。虽全国至崇之法官,亦无此项搜检之权云云。遂科凶殴及闯

入私地之赔偿，国务大臣缴四千镑，书记缴一千镑，以偿业主。此民法上责任之一斑也。夫大臣既不能逃其责任，故十五世纪时，执政之臣亦尝自定制度，凡布君命，必由大臣预议署名，其立意盖以防君主滥赏爵禄，及舍大臣而与其宠佞谋政也。古时颁布君命之格式甚繁，经近世节省后，凡君命可分为三项：一曰诏制（Order in Council），由枢密院颁布，凡御前与议之人皆登入典册，皆受责任。诏制常秉议会所定律令，用以立法，如庶职考试章程及下级藩属内所行法律是也。二曰谕旨（Order Signmanual Warrant），谕旨由御笔署名，大臣副署，由各部宣布谕旨，用以任官。谕旨间有须盖御玺者，御玺凡二种：一为正玺（Great Seal），仅一方，由司法大臣掌钥。二为次玺（Signete），凡三方，由国务大臣五人掌钥，如任警察裁判官之谕旨，仅由民政部大臣副署，而任藩属总督之谕旨，由理藩部大臣副署后，复加次玺。三曰通诰及敕命（Proclamations and Letters Pattent），通诰者，实即谕制，惟用之于国家大事，故由枢密院咨送司法大臣，盖正玺以昭郑重。如召集、解散议会之诰，宣战、议和之诰是也。敕令亦即谕旨也。敕令分列三段：一为正谕（Signmanual Warrant），首署御名，次署大臣名；二为训令（Letters Pattent）或条款，于条末由司法大臣盖正玺；三为事由节略（Doeket），由诏诰局秘书编注，以便君主署名时浏览。凡任度支部及海军部政务官及特命查办事件大臣，皆用敕命。如是出令则必循一定之格式，而每下一令，必有一大臣负其责也。此制既成，议会监督行政益易。向者政事有失，议会往往不克追究其预政之人，今则责有专归，不容推诿焉。故自此以后，议会常能攻击预政之臣，评论其政策之失当，而不致涉及宫廷。此后世论政不涉君主之义所由起也。洎夫近世，政党交替为政之制既成，而为政者皆系政见相同之人,同责任、同进退之义既行,而弹劾之风息矣。约言之,大臣所负责任凡二种:一曰法律上责任,如被议会弹劾,被人民控告是也。弹劾之举已久废不用。最近被劾者为海思汀(Warren Hastings),以在印度总督任内凌虐人民被劾,及梅尔惟尔(Melville),以侵蚀国款被劾,坐罪最后之案在一千八百零五年。二曰政治上责任。政治责任有个人与公共之别。若各部经常行政之事有失检者,固为该部长官之专责,内阁不必引与俱退也。此个人责任也。若外交、财政、军备及各种重要政策,或虽为各部分掌之事,然其关系甚重,应为内阁所检察者,设有失误,内阁当同任其责。此公共责任也。凡个人责任之事,内阁亦可引为公共责任,同任其咎。一千九百零二年,下议院以邮政局契约事,提议责邮政长官之失检,首相起言曰:本院若责邮局之失政,内阁当同任其责云云。下院遂寝议。然则政治责任者无他,蒙下院谴责,因失民望而退职,不复为世所重,亦足以为大臣者之儆戒矣。

内阁之组织

任用。凡易政府(界说见前),君主先召见政党之首领,使推荐政务官,组织内阁。若被召者能当其任,君主即任召见人为首相,而任其所举之人为各部政务官。故为首相者,上蒙君主之亲信,下为议会之硕望、执政之重臣也。任用之法有二:一曰首相之任用,二曰其他政臣之任用。

一、首相虽由御选,然君主非得下议院最多数党之领袖,不足以为政,故往往不容舍择。设二党组织不密,有裂为支派者,或最多数党不受统于一首领,则君主常能行其选择之权。一千八百五十二年，党派歧立，维多利亚（Victoria）召阿伯汀（Aberdeen）为相，使合进取党首领及中立党首领组织内阁。一千八百五十九年，尔拉司尔及泊来司敦（Russel and Palmerston）各不相下，女主越尔而召泊。一千八百九十四年，进取党失首领，女主遂召罗司播来为相，然政党善自推其首领，此等成例恐以后不多见也。

二、首相推荐同列，非能尽如其意之所出也。前时之同列及同党内之负硕望者，皆期必用。有善于演说能多得选举票者，有善于辩论能动议会之听者，有英毅敏捷能独当一面者，有更历深邃熟知吏政者，亦期广收之，罗致匪易，而授官尤难，往往有非得某职不欲入仕者，有必欲入内阁者又不愿某人居某职者。部署之难易，要视首相平日之声望，亦为将来相权轻重之准率。约言之，枢密院院长及掌印二席，位崇事简，以置老成硕望。国务大臣五缺，分掌民政、外务、理藩、陆军、印度五大部，及管理海军事务大臣与度支大臣二缺，皆以待贤能之士。会办度支事务大臣及汤沐邑尹，皆非要缺，以安置政党执事之人。各部政务次官诸缺，以任政党后进之英才，而通例首相为管理度支事务大臣。沙士勃雷（Salisbury）为相，尝任外务部大臣。葛兰斯敦（Glastone）为相，尝任度支大臣。然近时首相权责益重，凡用人决政及率领议会之行为，惟首相是视，故非得闲散之缺不可也。盖管理度支事务及会办度支事务大臣皆不视事，财政一切皆责成于度支大臣。度支大臣级位虽卑，然常摄首相事，实内阁重臣也。首相推荐各部政务官，不与其将来内阁同僚商酌，而内阁大臣将来各有进退，亦惟首相自裁。一千八百三十四年，披尔（Peel）为相，尝谓首相有选举同僚之权，而负知人之责。通例首相引荐之人，君主皆一律任用，然君主间有微示意指，使首相推荐其亲信之臣者。维多利亚时，某相组织内阁，尝遗其旧日同僚，女主微讽之，遂被荐。现任枢密院长毛累(Morley)尝著《华尔破列传》，引前相葛兰斯敦氏之言谓，敬事其君主之臣，凡举人任官常折衷于君意，若徇顺君意，有损吏治公益者，丞相当严守利国之义也。此殆列代为相之训谟乎？洎末司敦为外交绝才，夙抱进取之策，几罹英国于兵祸。内阁迭次推荐为外务部大臣，女主私蹙之。然首相非得洎氏不可，故竟被任用。观此则毛氏之言岂不信乎？

额数。辟脱为相，内阁大臣仅六人，数任后增至十一人，今日则加至二十人。考其故，盖一因吏政日繁，故行政部亦因之渐增；二因议会纠察行政益严，故各部非有内阁代表，终无术以轻首相及内阁重臣之责任也。兹将内阁大臣视执掌之崇卑，列表于左：

一、首相，管理度支事务大臣（由首相兼任）(The First Lord of Treasury)。

二、司法大臣(The Lord Chancellor)。

三、枢密院长。

四、枢密院掌印。

五、管理海军事务大臣。

六、民政部大臣。

七、外交部大臣。

八、理藩部大臣。

九、陆军部大臣。

十、印度部大臣。

六至十，其大臣皆为国务大臣(The Secretaries of State)。

十一、度支大臣(The Chanceller of Exchaequer)。

十二、办理苏格兰事务长官(The Secretary of Scotland)。

十三、爱尔兰总督参议官(The Secretary to the Lord Liutenant of Ireland)。

十四、邮政长官。

十五、商务长官。

十六、地方自治部长官。

十七、农部长官。

十八、学部长官。

十五至十八为新设之部,其事前由枢密院分司办理。

十九、兰开斯德汤沐邑尹。

二十、办理工程事务长官。

简任礼制。简任各部长官礼制不同,或锡仗列,或授玺章,或降谕旨,或颁敕令(另详下章)。惟政务官一人内阁,若其人尚未入议会者,非请君主册封为勋爵,征入上议院,即令自寻代表区域,使备选为下议院员。盖大臣若不能在议会应对一切质问,申说各种政策,不足为内阁称得人也。又政务官若尚未入枢密院者,君主即任为枢密院议员,被任之人初设职守之誓,次作忠君之誓。矢誓毕,趋就御座,俯接其君之手而吻之。礼成,枢密院秘书即录其姓名于册。被任者之任期,皆终其人之身。若有渝誓、失检等事应议黜,君主即传秘书进呈名册,亲除其名。内阁大臣于未被任为枢密院议员之前,不得至内阁会议。一千九百零七年,麦金乃(Miekena)被擢为学部长官,未入枢密院前,内阁会议皆未被召。后内阁议通国教育事,召麦氏至,亦不令预议,仅使备顾问而已。盖枢密院职守之誓,实内阁行事守秘密之义所自恃者也。现行誓式,率遵一千四百三十七年所定旧式。其辞甚古,兹节译于后:

誓曰:汝作臣仆,惟诚克忠。人臣有谋不轨者,汝必入告勿隐。凡有询问,汝当尽天性与良能,据实以陈。汝若参谋百政,凡汝所闻,凡汝所言与议,及汝同列之事,非得君主与枢密院之命,汝慎谨守秘密,弗泄于外人。钦哉昊天与厥经,其汝鉴哉。

今日英国枢密院议员多至二三百人,王族自太子以下,率入枢密院。自枢密院权削,封赠益滥。尝有持以奖励硕学之士者,如赫胥黎(Huseley)亦入枢密院。惟颁令宣政,近例径召内阁大臣及宫侍近臣之为内阁所依重者,余则悉不被征。故职守之誓,自政府诸臣外,皆属虚设,盖外人无可泄之事,而亦永无渝盟之虞也。

会议之地。内阁无办公之处,惟列任首相通例为管理度支事务大臣,度支部左近唐宁街十号(No.10 Downing Street)为管理度支大臣住居之地,故是宅即为内阁办事之所。内阁无办公经费,故无内阁秘书及一切庶职,惟管理度支事务大臣与各部大臣一律皆有记室及誊录费,其款皆由国帑内支发。查逐年预算表内开,管理度支事务大臣头等记室一人,年俸五百镑,二等一人,三百镑,三等一人,二百镑,誊录印刊费二百五十镑。盖内阁办公经费尽出于此矣。内阁会议虽常在唐宁街十号,然间有在外务部或在议会内大臣办公室开议者,甚至有在大臣相见之私宅开议者。内阁无图章,无印信,不接收公牒。盖宪法成文法中既无所谓内阁,故既不得袭部院之制,更不得擅有衔称也。然则内阁会议在法律中固无他,君主、政臣随时之协商而已。

会议之秩序。内阁之行事皆秘不外宣,卫思托氏(West)曾为前相记室,近著一论曰《唐宁街十号》,然所详者,亦无关紧要,顾广参群籍,其略制亦得知也。内阁会议皆由首相主席。而会议无一定章程。首相与平常会长迥异,操随时开议、随时停议之权。凡欲在内阁提议政事者,先商请首相,由首相酌量付议。提议各事次序之先后,亦由首相裁夺。内阁之职守,在检察各部,使分司之政不相背驰,合乎一定之政策;又在熟审重要国政,和衷同济,以对君主与议会。职守若是,则应交会议之事,其范围固易明矣。若提议之事为提议之部应行之事,则首相即嘱该部大臣酌量施行,悉不付议。若其事为一部专管之事,首相亦悉不令他部提议,非如是不足以重专责而防踰越也。凡属应议之事,亦不必尽集内阁大臣会议而后始裁决也。首相常有径定者,有与其亲信之同僚协议而后决者,有先与重臣私商而后再召内阁会议者。此固视首相之政权与同僚声望之轻重,未可以一律论也。开会议,由首相记室传知,其传单格式如下:

君主之臣仆(His majestys servants)定于八月二十一日星期一日下午二点钟在外务部会议,请某某大臣届时至会为盼。

传单不具名,大臣到后,首相悉摈绝外人开议。披尔为相,会议前先自录出节略,会议时按节目付议。凡拟紧要文牍,凡述繁赜事由,亦亲自撰文交各大臣详评。议毕,乃纂易原稿,交记室缮抄,然后再分传各大臣。葛兰斯敦亦采用此法,而精细尤过之。葛相集内阁会议,常自定各大臣之坐席。各大臣若提议繁赜之事,亦常分传印件,然内阁议事以不记载为旨,非不得已,皆不用文稿与印件。内阁议事不用占决,盖议事以广收众见、同守一策为旨,且首相推荐同列,非尽以言论取才,而大臣权责声望轻重各殊,故预议者常自知有参议与决策之界分,是以重要各政率由首相与重臣裁决。会议毕,首相记室入室,凡有遗纸,悉行毁弃。然后首相将所议事由节略,缮清进呈御览。所议之事,将来若须请圣训者,皆详细奏报。所奏惟详内阁之谋议，不及各臣之政见。所议之事及一切文牍印件，自入奏外，悉不宣布，而大臣亦不得另行奏报。内阁散后，报馆常围守门阅，然所知者惟会议之时刻与到会之大臣耳。内阁会议间召外人入室，如近时铁路罢工，内阁召陆军司令官、警察长官入见，惟被召者仅充顾问而已。内阁会议之事，间有为势所迫，不得不宣布者，如一千九百零三年，贝尔福（Balferm）为相，内阁尝议扩充收进口货税之货品，为保护商业之计，贝相不以为然，曾撰意见书二件。蒋伯伦（Chamberalin）等五大臣为力主改良税则之人也，其议不行，皆相率退位，人有疑首相之专断者，贝相不得已乃将其意见书一件颁布。又如今年改良议会议案，为上议院所削改，将原案折回，交下议院复议，内阁逆知上院之反对，已请训拟添封勋爵以援上院之政府党，下院反对党首领贝尔福提议责大臣谓：上院未议驳前，而大臣已先期请训，是渎特权之名器云云。首相亚思葵士（Asquith）乃将内阁请训之期与大略实情宣告议会。上院知内阁所决政策已期必行，遂通过议案，惟宣布内阁所议之事，必先得君主许可，并须与预议之人协商，且必须由首相请君命。威廉第四时，梅尔蓬任理藩部事，英王未商首相及梅氏，持梅氏所撰公文及内阁奏案，以示尔拉司尔，使宣告议会。梅氏入谏曰：若是则忠言无所用，大臣将回避嫌怨，未有敢为君谋也。窃案英国内阁行事秘密若者，无他，内阁既负公共责任，故凡规画百政，其对于外人不得不守谋谟攸同之义。凡谋事有不同见者，设秘而不泄，私相切磋，往往能同归于合；一经喧传，则各人操守益固，而外人亦将引以为词，为政益难矣。

任期。内阁之任期，一视通国之选举，二视下院之归望，三视同僚之能和衷办事。议会之任期，前律以七年，今律以五年为限。

期满遣散议会,下议院议员一律更选,上议院绅爵惟苏格兰代表绅爵,须由全苏绅爵重行推选,余悉不更动。选举后,下议院政府党若仍居多数,内阁即不更动。不然,则内阁一齐退位。凡政府在下议院提议各种议案,若筹办预算,若更易律令,有不能通过者,又凡议员提议诘责政府一切行政之事,为下院多数可决者,内阁即须退位。若不退位,当请君主用特权遣散议会,更行选举。选举后,政府党议员若成少数,即为国民直议会而不直内阁之确证,内阁当即时请退。一千八百九十三年,沙士勃雷侯为相,选举政府党占少数,沙侯不即引退,俟内阁提议之事为反对党所阻,始与同僚辞退,当时咸讥其恋位。若共事大臣意见不相下,其结果往往于政府党内另生支派,自相矛盾者,此常为内阁失败之豫兆。按自一千八百六十七年至今日,英凡九易其内阁,其中四次更变皆因失败于选举,又四次皆因失败于下院,至末次内阁之更动,其情节与前迥殊。一千九百零五年,保守党(Conservation Party)贝尔福为相,自蒋伯伦等五大臣辞职后,党内政见歧立,虽当时下院政府党较反对党多至八十人,然贝相以无新政可筹办,遂辞职。爱达华达第七召进取党(Liberal Party)首领堪伯尔辟纳门(Campbill Barnerman)为相,堪氏组织内阁,遣散议会,行选举后,进取党得多数,堪氏遂执致。堪氏卒,英王召当时度支大臣亚思葵士为相,亚之内阁大率皆前相任用之人,而政策亦出一辙。亚氏为政,曾二次遣散议会,皆为上下二院政见之争也。

内阁之于君主

　　内阁与君主交涉,实君臣行政之关系也。惟各部大臣于其所管辖之事,虽有直接请训之权,然凡系一切重要政策,及有关于内阁之事,皆由首相或与首相协商后请训。而大臣觐见时,若君主所问之事,应由内阁协议后会奏者,或有关涉其同列者,皆须商首相,不遽奏对。君臣上下之纲系,其应守之义理,古今中外,固出一辙。而佐治谋政之道,凡盛治之国,亦循一定之模范。兹条举英国之成宪于左。

待臣之则。君主之待内阁,其所守之范围有三,一曰不越内阁而与他臣谋政,二曰不舍内阁而径自行政,三曰若信任内阁则必助其为政。

(一)君主得垂询百官,广纳舆言,惟凡属行政施策,为大臣担任责任之事,君主悉不召他臣预议。凡为反对党之人,其政治之方针皆与现任大臣相背驰,故非更易内阁,悉不顾问。威廉第四时,扩充选权为当时内阁之方针,反对党威灵顿公爵(Duke Willington)为功勋昭赫之武臣,奏言民心不靖,有自储军器者。王赋书复之。内阁入谏曰:臣等方熟筹斯事,陛下若授旨于不在政之臣,必有损于庙谟云云。威廉允以后凡遇此种奏折,惟传知道而已。

(二)君主行事,有礼节与政治之分别,又有国事与家事之分别。如问疾吊丧、举行典礼及宫廷与王族往返诸事,惟御衷独裁,大臣皆不预议。至若王族之婚嫁,为承统攸关,亦在国政之例。凡通国臣民具奏,皆由民政部启封代进。通国绅爵有求觐者,亦由该部请订期召见。至与各国君主通书,若邻君为英王之戚族,其书皆径送宫廷,不然则悉由外部启视。外戚致英王之书内有涉政事者,悉由君主交首相与外务部大臣传观。维多利亚女主时,欧洲王室半属亲戚,时私赋书女主,论重要外交,内阁常乘机入陈政策,请女主亲笔裁复，故往往能藉臣主之交谊，而得外交之便利。佐治第四尝躬自接见外使坎宁（Conning），为外务部大臣力谏，谓臣非欲拂君意也，然入侍参议，实臣之责也。

（三）凡为内阁所急之政策，虽君主不与大臣同见，若不另易内阁，君主当助其成。维多利亚时，下院提议爱尔兰宗教议案，为上院驳斥，女主尝调停之。爱德华德第七时，内阁主和俄、法，以制德国，英王迭游大陆，款待法国总统，皆为内阁行外交政策也。今王佐治第五，允用特权拟增封绅爵，以胁上议院，使通过议案，此亦助内阁之一端也。

事君之道。内阁佐君宣治，其遵循之道亦有三，一曰凡行重要之政必奏报君主，二曰凡遇政见之争及论政事之战败，不得牵涉君主，三曰在任内一切政事，内阁皆公任其责。

（一）泊末司敦任外务部，尝专擅用事。维多利亚贻书首相，使责之曰：女主传谕泊爵：一、以后泊爵请训，须详述事由，俾女主亦得详知事之底蕴；二、凡已准许之事，不得于原案有所增删；三、凡接见外使，当将谈判入报，凡接收外交文牍，草拟回文，当将原文草案及时进呈，若事前既草率专断，临时又催促训令，是皆非至诚事君之道，而君主得行其黜斥之权云云。此义于内政外交俱如此，而于外交循守尤严。

（二）凡政党之行事，及选举时之演说言论，皆不及君主，更不逆揣君主之好恶。如是既昭公平，复免迁咎于朝廷。此义固为政党所严守，然内阁行政亦如是，若所决政策虽其议尽出于君意，大臣亦不外泄。狄思雷里（Disacli）为相，尝失望于下议院，欲辞职。女主命遣散议会，使视选举之结果，再定进退。狄相以语人，通国皆非之。

（三）凡在内阁任期内遭值之事，不问内阁预议与否，不问属官遵从内阁命令与否，亦不论其事为前任内阁政策之结果与否，一律惟内阁是责。君主无故若黜退内阁，继入之新内阁，受黜退前任之责任。披耳入替梅尔蓬执政，人有疑威廉第四黜斥前内阁者。披相引为己责。观此则英王行政无一事无一时不有大臣任其责也

君主之于决政策及进退内阁。君主于行政之事，欲有所措置，大臣必详为之谋。若其事有背内阁之政旨者，内阁常不敢曲徇。盖古之贤相以道事君，而今日英国之内阁，其施治之策、为政之方，于选举时已为国民所赞许，在任时亦为多数政党所主持，非内阁所能苟徇也。且内阁会议，君主既格于成典，不能亲临，故请训之事，皆为已成之议。凡事既为成议，废改不易，而预议之人初有不同见者，若再加核议，势必重启争执，非行政所便也。又有进者，大臣于行政持连环责任之义，于谋事守和衷共济之箴，故其对君主与议会，常如一人。坎宁为外务大臣，与西班牙议和，英王不以为然，以问内阁，使大臣各就所见入奏。大臣会议后，上一总折会奏，且赞成坎宁之政策。观此则英王参政之权可以知焉。

黜陟部臣之权，与进退内阁之权迥异，法律上固无此区别，然于政治则有，不可同日语矣。君主黜退内阁之治有三：一、黜首相而召其反对党首领另组内阁；二、内阁所视为重要之政，君主不之许，则内阁必辞职；三、设内阁施治为议会所阻，君主若不愿遣散议会，令更行选举，则内阁亦必辞职。三者皆为法律上君主所操之权，然自数代以来，未尝一用也。何也？盖自扩充人民选举权以来，实以人民之推举而代人君之选择也。世固有以言取信者，亦有以行见重者，政策之问题与信望之问题，选举时孰轻孰重，固未可臆断也。保护税则乎？抑自由贸易乎？贝尔福乎？抑亚思葵士

乎？二者皆为人民投票时所权量者也。故善用君权者,在因民之所好而好之,是以成败得失之论不及朝廷,而朝廷永得民心焉。英民之重法敬上,岂徒然哉？

内阁之于各部

首相检察之权。内阁与行政各部之关系,已于述内阁会议时,略见其端倪矣。大凡立法颁政,常分其职掌于各官,及施行既久,而政权当集于一人,故译首相之权,实即述内阁与各部之关系也。披耳与葛兰斯敦为相,躬理万机,常督率各部之行政。近年政务日繁,而议会会期内,首相几无日不在下院。故各部行政,非复一人心力之所能及矣。是以今日首相所过问者,惟外交与财政二事耳。外部凡有重要公文,皆送于首相披览。若文件须送至重要各部传观者,首相即贮文于椟,使专差持椟传送。凡为首相亲信之大臣,有钥匙得启椟检视。凡派使臣办理交涉,其行文政府常备缮二份,一份专备首相与外务部大臣亲览,常详机要之事,一份则以便遍示内阁,不及机要。度支部办预算,若与行政各部有所争执,皆请命于首相,而首相常集各部会议。沙侯为相,陆军部与度支部争持所见,首相直陆军部,度支大臣遂辞职。

进退大臣之权。黜陟大臣之权,惟君主独操,然内阁既任总持之责,不得无纠正之权。故首相常能请命于君主。辟脱执政,政府之议案为司法大臣溲罗(Thurlow)所驳,辟脱入奏言：同列若是,臣将安资以为政乎？佐治第三立使国务大臣告溲罗曰：朕非欲弃溲爵也,然朕非辟脱不能为政。溲罗乃入呈正玺。法兰西恢复王政政变后,泊末斯敦接见法使,申表同情,女主与首相皆厚非之,首相贻书责之曰：子当外交，恐非国之福也。泊爵遂被黜。

内国选派股员。各部若欲整顿部政，或欲请议会立法，首相与大臣皆有专职，势不能常聚数人而谋之。故常选派专股，使详细考查报告，所派股员不必为内阁大臣，亦不必尽为政务官，间有派法律顾问官及各部属官为股员者。内阁得报告，既知事之始末及股员之意见，揆情决事，则易如反掌矣。

帝国军防司（The Imperial Defence Committee）。此司实为内阁内之一经常股，其掌理者即首相，海陆军二部大臣，海陆军司令长官，及海陆军消息局局长是也。凡会议皆由首相主席，首相有征召外务部、度支部、理藩部，或本国与藩属职官参议之权。其会议之事大致有三：一为海陆军交资应接之策，二为三岛与藩地防守之法，三为海陆军需预算之准率。惟军防司仅为军事筹画咨商之府，非行政之部，故所有决议皆行咨行主管各部，俾得按时采用。军防司行事与内阁相同，皆尚秘密。其不同者则在军防司置属官，且议决之事皆录入行事册，历任相传，而内阁无属官，行事悉不录册，亦不以告后任。军防司今年度支共分三项：一、属官薪俸二千七百五十镑；二、编纂日俄战史费一千五百镑；三、杂费五十镑。其属官内设参议一人，秘书二人而已。

英国行政各部之制度

第一章　要义

　　各部沿革。英国今日之官制,大半沿袭前代之旧法。其定制施政,虽能因时而为变通,然自瑙们朝抚有英民,传世三十四,立祚九百余年,其间从未辑一会典,以齐一百官之制。故历年律令叠出,例则纷歧,职是行政部院之名称,非惟各不相同,且为大臣者,其职守与衔称,亦往多名实离异。是以有一官而尽袭其同列之权者,有数官而分司一官之职者。有存其官缺而无职掌者,有寄以权责而无衔称者。此无他,古今轻重之势既异,知新其政而不知正其名也。

　　英行政各部之制度虽繁歧,然其组织管理法,皆极严密。至管理财政一法,尤为各国所企慕。近数十年来,英王尝特遣敕使,议会亦选派股员,迭次考察各部之行政,筹画变通之善法,引证质疑,考查累年,条举缕析,报告盈帙。自英、脱息兵之后①,陆军部规制一新。其吏政之良善,民治之义安,岂徒然哉。

　　英国行政之部,可类分为三,一为古设之部,二为国务大臣分

----

① 英脱战争,即英布战争,又称布尔战争。

掌之大部,三为近设之小部。按英行政衙门之称,其原文名词与意义各异,有院、署、省、部之分,如陆军部谓陆军院(Army Conneil),海军部谓海军统制署(Admiralty),民政部谓内务省(Horne Office),学部谓教育部(Board of Education)。部院则众官同权,省署则一官掌政。顾英各行政衙门,等级部分既日趋于同,若一律译谓部,似较明晰。

(一)凡第一类之部有三:曰司法大臣之职掌,曰度支部,曰海军部。古时英有重臣三员:曰司法大臣(Lord High Chancellor),曰内藏大使(Lord High Treasurer),曰海军统制(Lord High Admiral),皆于职名上加爵衔。数百年来,惟司法大臣独能保守旧职。内藏大使一缺,向例由英王颁敕书,任管理度支大臣、会办度支大臣、度支大臣等,使署理大使之事。海军统制之职守,亦由管理海军大臣、海军长官、政务长官等署理。此二缺既不命官实授,亦不裁撤。且近百年来管理及会办度支大臣另有专职,皆不过问度支事,而实权则由度支大臣一人独操。其名实之相背如此。(二)凡第二类之部有五:曰民政部,曰外务部,曰陆军部,曰理藩部,曰印度部,由国务大臣五人分领。国务大臣,古时实系君主之记室,故为内外上下交通之机关。迨政事日繁,乃增添国务大臣之额数,并立新部以分政事。如英法联军击退俄军于土耳其后,始立陆军部。平印度民乱后,始设印度部。(三)凡第三类之部有四:曰商部,曰地方自治部,曰农部,曰学部。此四部前时由枢密院分司,或简任专司管领。现时虽立为专部,各置长官,然司法大臣、管理度支大臣及国务大臣等皆有管辖之权,惟此项管理大臣皆不问事,而部事实由长官专掌。一千八百九十九年,添置学部,提议时,议员言管理大臣既不问事,何必于长官外另添他职。政府答谓:同类之部既如此,似宜一律云云。盖英之官制,实非反一隅所能统一正齐之也。

部分略制。英国行政各部之职官,皆有政务官与经常庶职官之判别。政务官皆入议会,皆与内阁同进退,庶职官皆不准入议会,非有过失,皆不黜罢,非有事故,皆不调迁。庶职官告老退职后,率受俸养,政务官无归养俸。其判别之旨,盖欲使政务官尽为通权知变之士,赍吏历之所得,以型其政,使庶职官悉属习法循例之吏,竭技能之所至,以善其事也。

英行政各部,大半置长官一人,政务次官、庶职次官各一人,参议数人。度支、海军、陆军三部,政务官额数较众,而海、陆军二部其制复稍异。二部内襄助管理大臣之海、陆军大臣,虽得入议会,然通例皆不入议会,虽与内阁同任期,然常被连任。司法大臣无政务次官。然则约言之,自政务次官以上,皆为政务官,自庶职次官以下,皆为庶职官。

第二章　司法大臣、法律顾问官及检察长之权责

英替代法部之职官。英立国以后,从未设一法部。三十年前犯刑法各案,自国事犯外,皆由人民起控,甚至犯伪造泉币等案,亦须由度支部派状师控告。当时舆论嚣然,咸谓非立法部,不足以明职守。然议会察舆论后,惟颁律置检察长,以救一时之乏而已。考各国法部之权责,在英国大半由司法大臣、法律顾问官及检察长分掌,余则有掌诸行政各部者,如恩赦减罪之权,由民政部掌管,破产律内经理财产之事,由商部掌管是也。

司法大臣。司法大臣为英最崇显之官,其品级在嫡派亲王之

下,列百官之上。其古时之职守有三:一为君主之教正,故实创平衡法,以救通法之弊。二为君主之秘书长,故常出入议会及枢密院。三掌君主之正玺,故为行政之枢纽。其衔称曰典掌大使(Lord Chancellor),故其行政之府曰典掌署(Chanury)。其审判之厅曰典掌庭(Court of Chancery),此盖以事名官,以官名地也。然今日此官之职守渐异,非袭旧名所能达意,故译为司法大臣。司法大臣今日之职掌判列于左。

一、立法权。司法大臣为上议院议长,岁食俸四千镑,置僚属。其为议长之权限,与下议院议长迥殊。下院议长不偏依政府党,莅院则主议而不自预议,付决而不自占决。议事时若有紊乱秩序,有申行院章之权。计决时若属可否各半,操裁夺之权。上院议长则悉反是,其权限与通常绅爵一律,所异者其于院内主议席,于院外为代表而已。

二、行政权。司法大臣兼掌行政之事,置僚属以佐其事。其重要之属官,为经常庶务次官(今任之官食俸一千八百镑),及诏诰局秘书(食俸六百镑)。司法大臣之行政权复晰分条举于左。

甲、直隶之事。此即为诏诰院秘书之职掌,其大略有三:(一)管领正玺。(二)传布选举征牒,列表报告被举议员。(三)按时至议会,行君主允准议案之礼。

乙、稽视之权。司法大臣(一)管领田产注册局之事(Writ of Summons)。(二)监察疯疾司之行事,并查阅逐年报告。(三)审定检察章程。

丙、任用之权。司法大臣(一)推荐高等裁判所分厅法官。(二)用君主之名,径行简任、黜罢各府民事审判厅丞及治安官(Instice of Peace),按英国刑事初级审判厅谳员,凡受俸金者,称之曰警察审判官,余则皆称治安官。治安官由各府荐绅充任。英国绅爵或议员有兼任为治安官者。

三、司法之权。司法大臣专掌之职:(一)为高等裁判所院长。(二)为典掌厅(旧廷现与通法廷并合,各置为分厅)厅丞。此厅现时审判信约、田产、有限公司、合股营业及抵押等案。凡信义之所关,孤子鳏妇之所依,遗嘱立券之所托,举凡为通法之所不及而为平衡法之所扶持者,皆典掌厅之专掌也。司法大臣任是二职,食岁俸六千镑。司法大臣复为(三)上议院裁判股股员及(四)枢密院裁判司司员。此一股一司,其先则为三岛上控至高之法廷,其后则为藩属上控至崇之部院。所以不归并者,盖藩民律法,得要求叩阍直诉之权,故不得不异其制耳。惟裁判司既任专官,且不在枢密院定审,故与枢密院实无关系,所假重者,惟枢密院之名义耳。

按司法大臣之掌职,实以一官而兼立法、行政、司法三权也。昔孟德斯鸠(Montesquieu)盛颂英国之法制,立论表说,谓三权独立乃至治之基础。当其著说之时,实司法大臣职权绝盛之世也。后其同国之儒托古微迩(Tocqueville)则谓英无宪法,自古至今,殆未尝有也。其言虽亦失实。然较孟氏之说为近也。英国之法视事而异,因时而变,未可以哲理法意衡之也。司法大臣以内阁重臣而兼执法重职,其流弊不至成行政审判之局者,盖司法大臣不问刑事,不审起诉之案。凡其所审判之案,至少有三官会讯,且皆民事上控诸案也。

法律顾问官。英王法律顾问官(Law Officers of the Crown)凡二员,一曰辩护士长(Attorney-general),二曰状师长(Solicitor-general),状师长佐辩护士长之行事,遇辩护士长不在时代摄其政。

法律顾问官之职守如左。

一、政府遇有法律问题，皆交是二官妥议。而行政各部虽置法律顾问专官，凡有法律疑难之事，亦咨商二官。

二、（甲）凡关涉君主之讼案，皆由法律顾问官辩护。（乙）凡国事犯及关系极重大之刑案，由二官控告。（丙）大吏有虐待人民者，职官有受苞苴、侵蚀国款者，二官有在高等裁判所发诉之权。（丁）凡关系赈济及善举财产之事，二官负保护之责，操干涉之权。

三、议会若有责政府行政违法者，二官当为辩正之。凡议案条款有关各种法律者，二官当申说之，明其意义，证其效用。

为英王法律顾问官者，皆属当时律士之隽杰，俱为下院议员，与内阁同进退。辩护士长年俸七千镑，状师长年俸六千镑。至法厅视事，皆另给津贴。在任时皆不准操业，惟内阁任期内，若有至高法官缺出，二官有尽先即补之资格。故司法大臣一职，向由同政党之辩护士长擢补。

检察长 英国犯刑法及违治安规则之案，大率由人民起诉。若其案须移至高级审判厅鞫讯者，治安官或警察审判官即将被告收禁或保释，而命原告或警吏或状师具结，使届时至高级法厅到证。此项控告费，结案时常由法官谕示，命于国款内给还原告。是故英国检察长之权界，似宜狭。检察章程，悉由辩护士长订立后，由司法大臣与民政部大臣会同审定。检察长之职守如左。

一、控告（一）死罪，（二）犯伪造钱币罪，（三）犯《破产律》内擅造簿据、私行变卖、通同欺奸等罪，（四）民政部大臣或辩护士长随时指命，及（五）公益攸关之案。

二、答复通国警察长官及治安官与警察审判官之秘书询问之事。

三、若有关公益之刑案，扶助起诉之人民，酌定贴助原告所延辩护士或状师及传证之费。

检察长受辖于辩护士长。凡重要之事，随时商辩护士长。凡控告上列各案，检察长得延用律士。凡人民控至高级刑事审判厅，若有用状师而未延辩护士者，检察长得请辩护士以助之。检察长食年俸二千五百镑，置属官。检察长公费及一切控告费，由度支部状师会报。检察长每年汇集各案报告议会。查统计检察长所管之案，每年不过四五百，然则置专官，起控之法，英尚未通行也。

第三章　度支部

职权区别。度支部实为英国行政之首部，列任首相既为管理度支大臣，而度支部于各部之需用，复操检核之权，故责最重。英王简任度支部各大臣时，降敕书命各大臣署理内藏大使职务外，复另降谕，任度支大臣为内藏副使，外赐印章。查管理及会办度支大臣，率不视事，而财政诸事，实总成于度支大臣一人（前已详之）。考其故，盖首相职务繁殷，其在度支部所掌专职，实属为政治攸关之事。故区分度支部之职官为二曹：一曰政治官，二曰财政官，而详述其权责焉。此部分也，虽非官定之部分，然欲详知一国之制，考其事实，固非泥法拘文所能尽也。

政治官。首相权责，已见《内阁篇》。[①] 兹所详者，惟管理度支大臣之职守耳。今将度支部政治官之额数及俸金列表于左。

一、管理度支事务大臣一员。年俸五千镑。

---

① 　即《英国内阁制度概论》（法政小篇之二）。

二、会办度支事务大臣三员。年俸各一千镑。

三、叙官次官一员。年俸二千镑。

管理度支大臣之职守有三：一、向议会要请宗室及王戚之俸养。二、督率附属度支部之各司局。三、奏叙向归度支部荐举之重要职官，如本国至高之法官及主教，藩属之总督及巡抚，暨驻外之大使及重要公使是也。

叙官次官助管理度支大臣，整理叙官事宜，并为政府党巡检长。会办度支大臣为政府党巡检员，襄助巡检长之行事。考政府党巡检官（Government Whip），其职掌则在于议会会期内，催促议员到院，使不致为额数不敷，因而停议。于开议时检点二政党到会人数，若政府党人数不足，即时召集本党议员，使议案付决时，弗为反对党所败。于占决时，会同反对党之巡检员，核算决数，报告议长。政党巡检之称，英文曰灰魂（Whip），盖野猎逐兽时，鞭策猎犬之劲将也。名实符合，孰有过此官乎哉。虽然任政党巡检者，大率系政党内饶赀财、广交游之人，且常为政党总会之干事员，政府党巡检官所以食官俸者，盖通例率领议会之行事，为政府之责任，且度支部所求于议会之事尤众，故不得不依重巡检官也。

财政官。英国财政细制，详《财政篇》①，稽核规则详《审计篇》。兹所述者，惟度支部组织之余制耳。今将财政官之额数及俸金列表于左。

一、度支大臣一员。年俸五千镑。

二、财政次官一员。年俸二千镑。

以上为政务官。

---

① 殆即章宗祥题记中所说的《英国度支考》，稿已佚失。

三、经常庶职次官一员。年俸二千五百镑。

四、参议二员。俸各一千五百镑。

五、书记长六员。俸自一千二百至一千镑。

六、高级一等书记八员。俸自九百至七百镑。

次级及下级属官不详，以上皆经常庶职官。

度支大臣总理财政，节制僚属。财政次官专掌征收国税诸司之预算及王室经费，并助度支大臣在议会行事。庶职次官督率僚属奉行部事，并备政务官之顾问。参议管理分科。书记长为各科科长。高级一等书记襄理科务，并专掌事。

度支部职务繁殷，故僚属之权亦最重。英行政各部所有日常咨文，通例皆用长官名义，由僚属署名移行。度支部所行文牍，虽称奉列爵谕云云，然其文往往为长官所不知，或经寓目而未及详察。故接文后，若径与政务次官或度支大臣磋商，常能转圜更议。至列爵之称，实指度支大臣一人而言。若欲得管理度支大臣裁夺者，大率皆内阁之问题也。

附属司局。自分科外，直隶度支部或受度支部节制之司局，为数甚众。其尤著者凡十二，可判为三类：一曰征收国税之各司，二曰关于国用之司局，三曰关于庶政之司局。

列入第一类者为（甲）内地赋税司，（乙）关税司，（丙）林木司，（丁）邮政司。司官皆由英王简命，任林木司用谕旨，余皆用敕书。

内地赋税司，征收自关税外一切直接及间接之赋税，为英国进款最大之源。每年所收皮酒及酒精落地税，约占中央岁入总数四分之一。人民岁入税占全数八分之一。财产遗传税占全数十分之一。关税司征收入口、出口货税。英国纳关税之货品，门类极狭，使无损于制造商业及日用生计,故缴关税货物,大率即所谓侈奢品是也。

林木司经营前属王室、现归国家之产业,征收该产田租,惟岁入之数绝微,实不足为国计轻重也。至王室田产有归并国家者,则由汤沐邑尹经理,故兰开斯德府王室之入款,仍给宫用,康华尔王产为太子禄田。

邮政司掌管邮信、电报、电话诸事,给发贫民养老费,复遵章程限制,经理贮蓄银行、保人险、代购国债票及种种便利细民之事。按英国邮政,其成效非惟足为国家岁入之利源,抑亦吏治良政之枢纽也。

内地、关税、林木三司,其司官皆视称职能事为任期,不与政府同进退。三司行事既须随时咨商度支部,受该部之节制,而三司复无代表在议会,故凡遇评论其行事之得失,全恃度支部为之申说。职是三司实为度支部直隶之属司也。至邮政司之位置,与三司不同。其历任长官,皆入内阁,皆为议员,故权限较广。然凡遇定邮费则例、订立合同,如包运邮件及承印邮票之类,一律须经度支部核准。然则长官独立之权,惟在用人与局务而已。

列入第二类者为(甲)国债局,(乙)支应局,(丙)地方工程借款司,(丁)造币局。

国债局经理英国国债,其司官由司法大臣、下议院议长及英吉利银行首董等充任,惟局务另置监督掌管。英国国债共用四项:(一)二厘二毫半至二厘半永远债票。(二)岁养款(Annuity)。按:此系采仿保险法及贮蓄法,随借随还之制度也。例如人民有自三十岁至五十岁时,按年纳款若干金者,及至五十一岁后,按年得享国家养金若干金,终其人之天年,或终若干年是也。现英国政府将此项应付岁养款,按息推算资本,而视此项资本为国债。(三)短期借款。此款系由度支部出三月或六月期债票,向英吉利银行支借,以供行政急需。(四)营业及海、陆军持久工程债款。例如太平洋海底电线款、商船津贴款、炮台营垒款、海军工程款等是也。查今日英国中央政府国债,凡七百六十兆镑。其大宗系永远国债,而永远国债皆出于兵战。如前世纪初叶,英与拿破伦争雄,兵役债票累积至六百兆镑。庚子年与斐洲脱商斯佛尔开衅,增兵债一百六十兆镑。噫! 英岛帝国之事业,实国债成之也。英国于岁入款内,按年指派二十四兆五十万镑,为经常国债款,以清债利息,并按时摊赎前债。

支应局支发中央一切行政费。支应总长虽由每任内阁请旨简授,惟向例总长既不视事,亦不受俸,故其事皆由度支部科员掌管。

地方工程借款司,实为地方自治各区域之债主。地方营业及建筑工程所需经费,非岁入租税所能敷,势不得不借民债。然遵现行律法,地方借债,至迟于六十年内,尽行清偿。且一隅之资本家有限,利息自重,而主管中央行政部往往保重民信,挑剔尤严,故近年设专司,移拨国偿司之款以贷之。此项出借之款,每年约四五兆镑。

造币局监督由度支大臣充任。然其事率由专任之副监督掌管。该局铸造金银铜三级泉币。三岛与藩属金圆,色相重量皆属一律。

列入第三类者为(甲)属官考试司,(乙)工程部,(丙)印刷局,(丁)草拟议案局。

属官考试司之司官,由英王用敕书简任,其秘书由司官委任,其职掌另详。惟考试官招考试验及调派一切章程,须经度支部审定,而平日行事亦时须咨商该部。

工程部掌管宫殿御苑,部院司局及驻外使馆等建筑修葺诸事。工程部虽立为专部,与农部、学部同级,其长官虽亦入内阁与议院。然勘地兴作,招工承揽,皆须由度支部审定。且工程部之僚属亦由度支部派任。该部每年经手之款,虽常逾三兆镑,然视其权限,实一度支部之附属部也。

印刷局置总管一员,专掌印刷议会及各部院报告及各种格式,供给内廷及各部一切笺牍,装订档案,镌刻舆图。凡中央行政所用笔墨纸具,皆归专办。惟雕铸钤印勋章,则归内侍大臣掌管。印刷局年费八十万镑,出售官书之岁收,约十万镑。

草拟议案局职员,由辩护士充任,归度支部节制。凡属政府提出之议案,皆归此局草拟。起稿者非惟须遍搜列代律令档案,且须预防提议时,二院之窜易,及颁律后法官之释疏。英律一经颁布,立法者不复操释译申说之权。往往一经裁判,律文之效用有与原旨相驰背者,议会虽擅更改法律之权,然英俗咸崇司法官,事后更律,已非易事,至颁律以反成案,非在乱世实不一睹也。

综核之权。度支部对于中央行政各部,所操之权有三种:一曰查复预算之权,二曰限制用人之权,三曰审定移款之权。

各部每年开送预算,皆用度支部所定格式。其清单皆由支部逐条查核,议妥后始可向议会请款。行政各费,经度支部议减者,不胜计数。惟约言之,度支部能撙节各部之糜费,而不能减省一国之用款。盖增添军备、兴办民政,皆取决于内阁也。

各部长官虽操辟用僚属之权,然须遵一定之限制。大率属官之登进,既掌诸属官考试司,而属官之升擢及俸金例则,复由诏制规定。且所颁诏制,常界度支部以稽视之权。约言之,自遵专律及诏制外,通例行政各部非与度支部権商,皆不得添置属官,增加俸金。立法可谓严矣。

各部需用,豫算时分为三节：一曰总则,二曰分项,三曰细款。如工程部掌管之宫廷与御苑,区别为三则,修葺与陈设费区别为二项,总管与司阍佣金区别为二款。遵现行之律,凡各总则之需用,自海、陆军外,一概不准移假调剂。故宫廷总则内若有赢余,当存储国库。御苑总则内若有不敷,当向度支部暂支。即海、陆军移假总则,遵律亦须经度支部审可。至于移假分项与细款,虽为律令所不详,然案列年成例,此种调剂盈虚之处,一体与度支部协商。度支部掌储备款数兆镑,凡属临时急需及逾预算之需,皆由该部支借。该部复于议会停议前,汇集已借或俟借之政需,编成预算续表,另向下院续请供需。如是则各部报销,皆可按年截止,亦一善法也。

第四章　海军部

职官权责。海军部各大臣由英王用敕书简任,部内重要职官之缺额及俸金,列表于左。

一、管理海军事务大臣。俸四千五百镑。

二、第一海军长官。俸一千五百镑。

三、第二海军长官。俸一千五百镑。

四、第三海军长官。俸一千七百五十镑。

五、第四海军长官。俸一千五百镑。

六、庶务长官。俸一千镑。

七、政务次官。俸二千镑。

八、经常庶职次官。俸二千镑。

九、参议。俸一千四百镑。

十、会计长。俸一千五百镑。

管理海军大臣入内阁与议会,为海军政务长官,规画军政方针,肩任海军成效,选用司令及统带官。

海军长官四人,皆属更历深久海军将官。

第一海军长官掌形势之事,并为管理海军大臣顾问长官。凡组织操演,遣集舰队,及选任统带以下高级军官皆属焉。

第二海军长官专掌士卒之事。凡招募教练,及委任次级军官以下士卒皆属焉。

第三海军长官专掌军备之事。凡构造、修缮军舰、军械皆属焉。

第四海军长官专掌辎重之事。凡运兵输煤粮食医皆焉。

庶务长官及政务次官皆为政务官,入议会,与管理大臣同进退。庶务长官掌订购军舰、勘买田地及一切契约之事。政务次官襄理关于议会之事,并掌海军度支。庶职次官督率属员,主管往来公牍。会计长佐政务次官之行事。参议佐庶职次官之行事。

分科组织。海军部内分设专科,科内皆置科长。至与海军密切相关诸科,其科长称为监督,皆由军官充任。分科凡十五:一曰舰队指挥科,二曰海军消息科,三曰海图科,四曰图书科,五曰招募科,六曰海军教育科,七曰军舰科(此科归第三海军长官直掌,内分置四股,各股均责成于监督。四股系(甲)构造股、(乙)机器股、(丙)船坞股、(丁)军库股),八曰军械科,九曰建筑工程科,十曰输运科,十一曰粮食科,十二曰医科,十三曰契约科,十四曰秘书科,十五曰会计科。

参谋部。海军部内另设参谋部,以研究险要,及一切收纵舰队,排布阵势,暨接济交资问题。现时第一海军长官为参谋长官,舰队消息二科监督为参谋次官,海军部参议为参谋部秘书。会议时,参谋长官得传召内外军官,及前任提督参议。兵战时,参谋长官与司令长官为内外定战策之人。

第五章　民政部

国务大臣之权责。民政部大臣,为国务大臣中班次最高之官。故先详国务大臣之权责及简任之礼节,然后再考民政部之职守。古时司法大臣与国务大臣皆为君主之秘书。故司法大臣掌正玺,国务大臣司次玺。迨司法大臣职权繁殷,不复为宫廷侍臣,国务大臣权势遂日隆焉。爱立斯勃(Elizabeth)颁诏,名其秘书曰:朕之国务正书记。盖自此国务大臣遂为政臣矣。设令枢密院一日掌权,国务大臣一日不能有所展施也。威廉第三章(掌)荷兰时,国务大臣辞职,语其主曰:枢密院列爵,视臣如走厮,将安恃以尽职云云。泊夫枢密院权衰,内阁之制成,国务大臣遂为君主与枢密院交通之关键矣。后世政务日剧,增添额缺,故今时英国有国务大臣五人,分掌民政、外务、陆军、理藩、印度五部。国务大臣自掌领专部外,品级相等,权责惟一,皆为上下内外交通之枢纽,皆得承宣君命,递呈折奏。故英王之命令,率由国务大臣署名焉。

简任礼部(节)。简任国务大臣,昔则自授次玺外,复另颁敕书。近世惟授玺而已。次玺共三方,分三等,皆镌刻君主甲胄,惟篆文与形式各殊。次玺现归民政部分科书记典藏,简任国务大臣时,仅行授受之礼而已。惟各大臣接任后,皆有饬该管书记盖玺之权。简任订约大臣及藩属总督，皆盖第一等次玺。简任平常钦差大臣及司官，皆盖第二等次玺。英王与邻君通问私信，则盖第三等次玺。故今日外务部全用第三等次玺。理藩部惟用一等与二等次玺。民政部及陆军部仅用二等次玺。印度部则不用次玺，任印度总督，惟下谕旨，盖玺章。

民政部之职守。地方吏政，凡关于地方自治者，虽归隶地方自治部专管，然英国既无法部，而添置新部时，所有未交部之责任，仍由民政部执掌，故其权责极形繁杂。阅民政部所刊职官表，内述组织部分，惟以专事归隶专官，且设置分料皆不循一定之门类。其职守实不易明。故另考该部所掌之事，表列于左。

一、关于君主待臣民之事：（甲）递呈民禀。（乙）奏请赦宥减罪之事。（丙）请准人民更易姓名，佩服邻君赠赐勋章。（丁）管理变易国籍事。

二、关于治安之事：（甲）管领京城警察，查察外省警察。（乙）委任警察审判官。（丙）添置治安官区域。（丁）斟定验尸官、警察审判官及治安官秘书之俸则。（戊）规定质证费例则。（己）管理殡葬火化及移冢等事。（庚）奉行交解罪犯条约，驱逐外侨出境，暨限制外民入徙等事。

三、关于人民安危之事：（甲）检查通国工厂及金石各矿。（乙）考试煤矿经理人及总管。（丙）管束炸药及危险物，如煤油及影戏灯之类。

四、关于人民幸福之事奉行：（甲）雇用幼稚。（乙）店铺停闭时刻。（丙）工役伤亡赔偿等律令。

五、关于风化之事：（甲）收羁酗酒不悛之人。（乙）奉行禁止虐待幼稚及禽兽诸律。（丙）管理幼犯习艺所。（丁）管理及释放被禁之疯人。

六、掌管全国各级监狱。

七、审定地方自治区域所订维持治安及秩序之规则,如登报招贴公田、公园等规则是也。

职官及俸金。民政部职官甚众,如中央与分区检查工厂官,不下二百人。兹节录其重要者于左。

一、国务大臣。五千镑。

二、经常庶职次官。二千镑。

三、政务次官。一千五百镑。

四、法律顾问官。一千五百镑。

五、参议二员。一千二百、一千镑。

六、监狱司长官。一千八百镑。

七、金石矿检查长。一千五百镑。

八、工厂检查长。一千五百镑。

九、炸药检查长。一千镑。

十、书记长四人。每员自九百至一千镑。

此外复有化验师医官及各级庶职。

分科组织。民政部置总科一,检查及专事科十一。总科归国务大臣直掌,由次官与参议督行其事。总科内置甲乙丙丁四股,及档案、会计、统计三房,分股任事,不循守一定门类。惟股员皆有专掌,如甲股内书记长一人,掌恩赦、交解外犯,监狱与关系犯人之事。高级一等书记一人,掌疯犯院及疯犯,暨外省警察之事。高级二等书记二人,其一掌扰乱治安、聚众滋事之事及验尸官,其二掌提审罪犯及惩治痞棍之事。次级一等书记一人,掌提解藩属罪犯,及治安官与警察审判官秘书之俸则。次级二等书记一人,掌未归上列专员一切刑法之事。盖此实分股之职守也。股员外,尚有不任专事之次级二等书记,及速记与录事,皆归上级属官随时遣用。惟此项属吏,大率归隶档案房。

检查及专事科皆为检查员或专官事务所,内亦置书记等属员。其分科如左。

一监狱司,二检查幼犯科,三检查外省警察科,四检查外民入境科。五检查金石矿科,六检查工厂科,七检查炸质科,八考试煤矿管理人科,九检查医学割验科,十检查虐待禽兽科,十一检查酗酒羁禁院科。

第六章　外务部

责任。外部管理一切国际交涉,节制遣派外交及领事官,掌领受英保护之地。按,凡有未戴英国主权之地,皆归外部管辖。例如埃及与束旦是也。埃及仍戴土耳其为上国,惟外交内政悉授诸英国。

职官。部内重要职官及俸则如左。

一、国务大臣。俸五千镑。

二、经常庶职次官。俸二千五百镑。

三、政务次官。俸一千五百镑。

四、参议三员。俸各自一千二百至一千五百镑。

五、法律顾问长官。俸一千二百镑。

六、法律顾问次官。俸七百五十镑。

七、高级一等书记八员。俸各自九百至一千镑。

分科。外部或视所掌之事,或视交涉所关之国,分置十二科:

一西欧科,二东欧及中亚科,三远东科,四美洲科,五斐洲科,六斐洲保护地科,七图书牍案科,八条约科,九领事科,十商务科,十一会计科,十二议会政务科。

外部特制。外部之行事,与行政各部不同者有三:一、外部属官皆为奉行部政之吏,无便宜行事之权。凡稍有关系之公牍来文与覆案,皆经大臣披览。凡遇重要交涉,有经内阁会议然后定稿者。二、外部施政决策,不受议会之节制,惟于事后负成败之责任而已。然对于君主与首相,皆须时常请命。三、各部行事皆循成例,外部惟对于国民要求之事则然,余悉量事定策。所储档家,仅供参考之资。持策之宽严,概视邦交与时局。故昔日力排之事,往往为今日所力主者,其例不胜枚举也。

第七章　陆军部

中央军政。英自南斐洲军战后,通国舆论嚣然,咸谓不整顿陆军,不足以振复国势。故列年简派钦差,考察改良办法。自此律令诏制,络绎不绝。迨至近年,其组织始称完备。是以今日之制,实十年谋谟经验之效也。陆军部组织大率采用海军部之规则。与陆军部相资辅行之机关有五:一为帝国军防司,已详《内阁篇》①,二为军咨府,三为参谋部,四为校阅长官,五为遴选司。兹详述其制焉。

军咨府与陆军部。陆军部之上官额数与俸则表列于左。

一、国务大臣。俸五千镑。

---

① 即《英国内阁制度概论》(法政小篇之二)。

二、第一陆军长官。俸三千镑。

三、第二陆军长官。俸二千镑。

四、第三陆军长官。俸二千五百镑。

五、第四陆军长官。俸二千五百镑。

六、政务次官。俸一千五百镑。

七、财政次官。俸一千五百镑。

国务大臣与政务及财政次官皆为政务官，入议会，且与政府同进退，而国务大臣复入内阁。陆军长官四人，皆属更历深久之将，实为组织陆军、节制师团之专官。一千九百零四年，组织陆军部诏制任上官七人，为军咨府议员，使协决军政，而复命各官掌领陆军部职务。然则上官盖掌二职焉，会议则裁决军政，分任则施行部事。如是军咨府殆为陆军部之分部，而陆军部自上官外，复赅僚属焉。

上官之职掌暨陆军部之分科。陆军部分科与海军部相似，其关系军事之科，皆置监督科员，大半由陆军部将充任。今考上官之职务及其掌领之分科如左。

一、国务大臣，管领军咨府与陆军部，总揽军政，监察部属，受成于君主与议会。

二、第一陆军长官，为参谋长官，掌领训练将弁，操演师团，研究地势险要，采集军情消息，准备军战分配军需之事，并监察攻守指挥科、参谋职务科及教练操演科三科监督之行事。

三、第二陆军长官，为组织长官，掌领招募兵卒、部署师团，维持镇守国外师旅，调遣驻扎境内营队，订立营章，管理医务之事，并监察招募组织科、士卒职务科及军医科三科监督之行事。

四、第三陆军长官，为辎重长官，总揽输运供需，典守军库粮台,节制辎重队及马医,规定匀给各营军械、粮食、服装、营塞、马匹之例则,并监察输运及战马备储科、粮食科、征行屯扎科暨军装军械科四科监督之行事。

五、第四陆军长官,为军械工程长官,督造沿海炮台伏雷,建筑兵房营垒,及军械制造厂监修上列工程,审定子药枪炮模式,稽查各厂用款,节制监工人员,预算备储军器,订立定造合同,并监察枪炮科、炮台工程科及营垒科三科监督之行事。

六、政务次官,佐国务大臣在议会行事,并监察乡师科监督之行事,乡师科掌乡队及义勇队之事。

七、财政次官,掌管陆军度支,并监察财政参议及支应局监督之行事。

自上列七官外,陆军部复有经常庶职次官,主管陆军部之文牍,及陆军司法官会讯犯军律之士卒。

参谋部。参谋部将官分为二种,一为在陆军部之参谋,二为在总镇、分镇之参谋。在部参谋,规画军事之方针,讲求攻守之韬略;外镇参谋,力助训练之进步,辅行规定之军策。参谋将官共分三级,由参谋长官推荐,由国务大臣奏任。为参谋者,须由将弁学堂出身。参谋以四年为任期。

校阅官长。陆军部惟为军政之枢纽。至训练、统带之事,皆责成于各师团统制,故非按时派员校阅师团,不足以课成绩。一千九百零四年,颁诏置校阅长官,命按时遵军咨府训令,巡查报告下列之事:一、各营组织是否合法。二、各种军械是否适用。三、军咨府规定陆军政策之效验。四、各师团兵战时一切之准备。

遴选司。此司掌用人之权。凡司令以上之军官,皆归此司荐用。凡越格擢用之事,亦由此司查核。此司职员,系陆军大臣四人,校阅长官及各师团统制。

第八章 理藩部

藩属界说。英国领地不尽隶理藩部。自外务部所掌保护地外,附近三岛之小岛,归民政部管领。置灯塔之岛屿,归商部管辖。印度之地,特设印度部治之。英国领土繁众,等级歧出,而兼并之历史亦殊。若言其粗制,则藩部掌领之地可区别为三类:一曰直隶之属地,二曰自治之属地,三曰附庸地。

藩部职官及分科。藩部置国务大臣一员,政务次官一员,庶务次官一员,参议四员,其俸则与民政部同。英国治理藩属,悉资藩部。英王于直隶属地及附庸地,操直接立法施治之权。至于自治属地,其内治皆掌诸属地之议会与政府,英所遣之总督,其职权几如立宪国之君主。故藩部所管之事,大率系该属与母国或外邦或他属相关系之事也。

藩部分置三科:一曰自治属地科,二曰直隶属地科,三曰总务科。总务科管理各属内公共之事,如移民、教育、泉币、银行、邮信、电报局是也。总务科内于总科外另置专事股四所,一曰叙官及升擢股,二曰铁路资本股,三曰商业权利股,四曰官吏俸养股。自治与直隶属地,皆有委员驻扎伦敦,与理藩部会议母国与藩属交涉之事。直隶属地委员由藩部委任,自治属地委员则由各属政府遣派,宛如外使。

帝国会。近年英国常集自治藩属代表,会议帝国之政。兹节译今年帝国会之决议于左。

一、君主陛下之政府,暨陛下海外自治领土之政府,每四年当集帝国会一次,协商帝国公共之政。母国首相为会监,母国管领藩部之国务大臣,及自治藩属之首相皆为会员。

二、各政府得遣大臣二员预议,惟占决时,各政府只得投一票。

三、理藩部宜添设专官,使记载帝国会之决议,司理文牍,并随时报告关于已议或应议之事。

四、母国与属地遇有重要之事,相关系之政府,当开临时会议。

现藩部已任参议一人,为帝国会秘书,从帝国会之决议也。窃按英国自治藩属,如坎拿大,如澳大利亚,地大物博。其政治之发达,隐若独立邦国。虽其臣民犹眷念母国,共戴一主,然天时地利既异,政策治术自殊。而英国外交之方针,势亦不能尽徇一隅之向背。且财力沃饶之藩属,尝订造硕大无比之铁甲舰,或以增益帝国之舰队,或以巡缉藩属之洋面。苟纵外藩之甲袟,以易使臣之樽俎,则大局岂可设想耶。此固为谋国者所深虑,抑亦帝国会所由设乎。

第九章　印度部

治理印度之权,在内则掌诸国务大臣,在外则掌诸印度总督。二官行政距(虽)时须与辅政之各司谋议,然皆擅便宜行事之权,实英国职权最重之官也。

部内要职。印度部置国务大臣一员。政务次官、庶职次官、参议各一员。其俸则与国务大臣管领之各行政部相同,部内置专科外,复额设顾问官。

顾问司。顾问司议员,定额自十人至十四人,任期以七年为限,由国务大臣随时委任,而大臣为顾问司会监。被任之人,大半系前任印度职官。国务大臣与顾问司相系之权责,可条分为四:一、凡君主驳禁印度已颁之法令,改划印度各省之疆界,皆由国务大臣会同顾问司宣告印度政府。二、凡关于印度度支及借债之事,须由顾问司决可。三、凡机密及紧要之事,国务大臣可径行裁决,不付顾问司谋议。四、其他诸事,国务大臣须集顾问司会议,惟国务大臣操酌夺采行之权。

分科。印度部内置五科,分理印度政事:一为财政科,二为军备科,三为司法科,四为政治及机密事科,五为入款及统计科。至部内公牍与庶务,另置属官专掌。

印度总督。印度总督由英王简任,以五年为任期。总督行政须与资政司会议,惟不必尽纳资政司之决议。资政司议员六人,亦由英王简任,亦以五年为任期。资政司行政之事,则归民政、度支、陆军、教育、工程等部专掌,立法之事,则与增添之委任及民选议员协议。民选议员实占少数,且印度政府若以为候选人之宗旨品行有损公益者,得禁其充选。

议会与印度部。议会于印度部之行事,常不过问,而印度部一切用款,皆出诸印度租税。按:议会于每年斟定各行政部预算时,常能评论各部之为政,或议减大臣之岁俸,或议减其主管部之公费,以示反背,惟印度部独能免此。印度全属之度支,每年虽由印度部缮预算表请议会审定,然常待至年终散会前提议。所提议者惟及收款与用款之全数。议员中熟知印度财政者,既乏其人,且开议既晚,议员常出入议场,故不久即行通过。一千八百九十一年,下议院决议痛诋鸦片烟税。越二年又决议,凡考试印度属官,于英国招考外,当复在印度招考。二次决议,政府党虽先后占少数,然内阁没谓议员不谙印度实情,均置之未行也。

第十章　商部

自民政府(部)以下五部谓大部,自商部以下四部谓小部。其异同则在一为措治之部(Execative Boards),操直接行政之权。一为督成之部(Regulative Boards),掌检察维齐之责。其先由国务大臣一人专掌,其后遵现行律文,仍由众官协掌。昔时大部之大臣,岁俸五千镑,小部之长官,则仅二千镑。现时商部及地方自治部长官与国务大臣同俸,余则仍照旧例。

商部之权责。英于商务、工业既持国家干涉主义,而交通之事又不设专部管领,故商部职守甚繁。其所掌之事,要有四端。

一曰探访揭报之事,如置物产化验局,细核各物之性质及制造之法。设商品陈列馆,详考外民之好尚及消行之地,刊印内地及外国商业统计,随时备各部之顾问是也。

二曰存案典守之事,如维持通国度量衡,编注有限公司,记录商标,核准专利是也。

三曰检察之责,如掌领海港船埠,管理驾驶停泊之事,查验船身舱位,规定装货搭客之额,奉行铁路诸律,查问遇险之案是也。

四曰审定之权。凡地方或公司欲开勘铁路线,或安置街车电轨,或兴筑电灯、煤气、自来水厂者,非请县会颁专律准行,皆须由商部审定。商部凡遇此项禀请,照例齐集发起人与反对人在部面询办法及地方情形。迨详察二造说帖证据,然后再定准驳。商部若准其举办,则一面给予暂准部示,一面将全案咨行议会,以备核准。

分科组织。商部之重要职官,与各部相似。自长官外,复置政务次官、庶职次官及参议等员。部内专事归分科办理,分科凡八所。

一曰破产科,置检察长。破产之事自审判定案外,一切归商部承管,由检查员、稽核员、承收财产员等辅行之。

二曰工役科,置工务总管,司刊印工报,编辑工务统计,调停或判决佣工与业主争执等事。该科内另置雇工局,雇工局设监督一人,并分立总区与分区。凡业主与佣工若欲雇工寻业者,皆得与雇工局分区通信。工民有乏资就业者,局员得借给川资。

三曰商务及统计科,由参议一员掌领,司刊印商务官报及藩属与外邦税则,编辑内外商业统计,并管领(一)专利及商标局,(二)商务消息局,暨(三)商情顾问股。按:商务消息局与商会相资行事,凡属殷实商行与制造厂皆准在消息局注册。部内所得紧要消息,先行通告注册商行,不尽录登官报,以防为外商所得。

四曰商业公司科,内设总管一人,掌关系公司之事,并管领有限公司注册局。该局另置局长一人,掌按年刊印统计。查一千九百十年之统计,英三岛内有限公司凡五万家,其已缴资本达二千数百兆镑。

五曰铁路科,由参议一员掌领,该科兼辖车轨衡量局及伦敦交通局。

六曰航务科,由参议一员掌领,奉行航海卸货律,并管辖商船及船役注册局。

七曰港埠科,由参议一员掌领,司港湾埠栈诸事,并经理英国与藩属之灯塔。

八曰支应科，由会计长专掌。

第十一章　地方自治部

地方自治。地方自治之制度，另详专篇。兹所考者，惟主管部之组织而已。顾地方自治（Local Self Government）与地方吏治（Local Government）二名词，其意义迥异，不可不察也。

按：英国十八世纪时，举凡地方之民政，非掌诸治安官，即归隶独立之州县。治安官为中央政府委任之乡官，执全府之事，而府实为英最大之地方区域也。州县在英国，皆由人民请专诏设立之区域，非中央划界置吏之地也。各州另置治安官，其治权故与府相埒，而县则无此权。凡设州县之地，其尹与咨议员皆由人民推举，故城廓内之民治，大率不归府节制。当是时，府州县之施治，政府绝不过问，而中央亦不置管辖之官。设地方行事有踰越律令约束者，或有侵涉人民权利者，惟恃司法官为之审判惩治而已。故地方自治之称，施诸当时，可谓名实相称也矣。迨后英执欧洲霸权，大陆研究英政之士，盛扬自治之良制，由是其名称遂由欧陆而东输焉。自国家干涉之说渐萌，而中央集权之制遂密。先是英设卫生专司，督率地方办卫生诸政，舆论鼎沸，而司官因不入议会，末由申白也。及后设地方自治部，广其职守，置政务长官，使与议会交资而为治，严申监察之权，通国习而安之，咸以为善政也。今凡英国地方之府、州、县、城、乡、赈济联合会及里，凡以上七级区域，无一不举咨议员，直接管理吏政。至于中央简任及委遣之官吏，如提督府牧及治安官之类，亦由缙绅充任，皆为名誉官，不食俸养。且自治安掌专职官外,提督惟率领乡兵,府牧惟迎接至地方巡审之高等法官而已。惟地方吏政几无一不受中央政府之督责,自警察归隶民政部,营业交通归隶商部,教育归隶学部外,余政大抵由地方自治部管辖。然则英国地方之行政无他,实因民与政以救前时吏治之弊,非与地方以自治之权也。此与藩属自治殆不可同日语也。虽然,地方自治之名词已盛行于我国,似不得不袭用之也。

职官。地方自治部置长官一员,政务次官一员,庶职次官一员,法律顾问官一员,参议五员。复置各种检查官、书记长,高级及次级书记,以理部事。部内上下官吏凡三百五十一人,实缺额最多之部也。

组织部分。地方自治部职务,由参议五人分掌,参议各领专科,专科之事责成于书记长,复置各级书记以辅之。兹表列各参议之掌职,及分科事务于左。

一、参议一人,掌赈济事,并管领赈济事务科、赈济职员科。

(一) 赈济事务科,掌(甲) 收复赈济文牒,(乙) 查阅赈济报告,及(丙) 监督收养抚育及给发依食等事。凡属养老院、穷民施医院、穷民学堂、疯癫院之事,自勘地建筑以至饮食休息之微,无一不受地方自治部节制。

(二) 赈济职员科,掌(甲) 管理地方赈济联合会各种职员,(乙) 限制用人额数,(丙) 订立职员俸则,(丁) 规定各种职务,(戊) 允准任用罢免之事,及(己) 查办一切失职之事。

二、参议一人,掌卫生事务,地方财政暨地方请颁专律事务,并管理卫生事务科、地方财政及专律科。

(三) 卫生事务科,掌(甲) 督行防极内地及外来各种传染疾病、瘟疫诸事，（乙）管理地方医员及化验师之任用黜陟事，（丙）监察城乡卫生诸政，稽视此项报告，纠察失职诸事，（丁）关系自来水诸事，（戊）查报工厂及居民引用川河事，辅行防川河污浊障碍诸律，（己）掌管贩卖食品、药料诸事。（庚）关系制造汽水诸事，（辛）辅行内河船只诸律，及（壬）推行随时由地方自治部与地方区域酌量施行诸律。

（四）地方财政及专律科，掌（甲）审定地方借款及借票，（乙）凡遇地方工程借款司给借国款，监察请借地方用款之法，（丙）稽查还债办法及按年拨还之数，（丁）判决各府与各县合办诸事之摊债分息及一切贴偿之事，及（戊）凡遇地方向议会请颁专律，细察所请之议案，将本部之成例报告议会，并申详本部政务官，裨得在议会提议，改正所请议案。

三、参议一人，掌地方度支及稽核与统计等事，并管领稽核科、稽核上控科、统计及地方租税科。

（五）稽核科，掌（甲）收复关于稽核事文牍，（乙）查视各区稽核员所呈地方度支报告，及（丙）斟定地方簿记章程、报销格式，及稽核员审计规则，并随时指挥稽核员。

（六）稽核上控科，掌（甲）裁夺地方或居民禀详稽核员准驳账款诸事，（乙）追缴为稽核员批驳之地方用款，及（丙）审定地方至裁判所该项上控讼费。

（七）统计及地方租税科，掌（甲）编缉地方度支汇报，内须详载各区收款及还偿之细则，以及纳税产业之年租与总值，暨他种相关系之统计，（乙）查视地方缴呈之关系度支报告，并移咨相关系之部院，并（丙）凡遇议会提议法之时，辑集相关系之统计，报呈政务长官。

四、参议一人,掌地方卫生行政及区域疆界事务,并管领卫生行政与区域疆界科,及城市规画科。

(八)卫生行政与区域疆界科,掌(甲)斟定兴办卫生事之借款,(乙)准许地方遵卫生律及自来水、煤气工作律,占用民地及给予田价诸事,(丙)核准各府谘议局改革组织更定选举区域,及府与州县改划界线诸事,(丁)酌议添置县谘议局,及升县为州、升乡为城之事,并(戊)管理地方各区统属交资之事,暨各区变卖市产之事。

(九)城市规画科,掌(甲)辅行城市规画律及兴筑工民住宅律,(乙)监察地方布置街衢与改造扩充诸政,并(丙)审定地方所颁之修筑民产规则。

五、参议一人,掌法律与部令及部内庶务,并管领法律科、部令科及庶务科。

(十)法律科,掌(甲)答复各种法律问题,(乙)校斟地方本各种律令所订之规则,(丙)草拟地方自治部致各级地方区域或职官之通布,(丁)查阅所拟施行通国之议案,具帖详评关系地方自治之条款,并(戊)编辑关涉地方自治之裁判案。

(十一)部令科,掌草拟暂行之部令,遵律颁布之部令,及各种执照。

(十二)庶务科,复分二股:(一)部事股,掌(甲)编缉地方自治部每年总报告,(乙)记录部内任用升推及罢免诸事,(丙)答复关于职员疾假休息假俸金及归养费之函件,并(丁)登载书记以下到部时刻。(二)会计股,掌(甲)预算每年部内需用,(乙)按月结算账项,移送审计院核准,(丙)支发各项用款,并(丁)摊发国家津贴地方行政费,并按时知照各区稽核员,发此项津贴之期。

　　自各科分掌专事外,部内另置各种检查官,或由部随时遣派,或驻扎外府,或掌管分区,皆为中央部之耳目也。此项职员凡五(六)种：一赈济检查员,二机械工程员,三医员,四建筑工程员,五汽水厂检查员,六地方簿记稽核员。

考察德意志帝国政治撷要（法政小篇之三）

　　余前年欧游于德京柏林及萨克森联邦京城特来斯顿，居较久，暇辄考察其政治，或就访询，或资册籍，辑成是篇及考察普鲁士及萨克森政治撷要诸篇。迻译笔录，吴君昆吾、周君启濂之力为多。罣漏之处，纵犹不免，但所记均取其实，不事华饰，或亦足为参考家之一助也。章宗祥志。

一、联邦参议院

　　甲、性质。联邦参议院为德意志帝国各联邦政府代表合议机关。

　　乙、组织。联邦参议院议员，定额五十八人，由各联邦政府选派而来。量各联邦疆域之大小，以定议员之多寡。普鲁士（Preussen）十七人，巴威伦（Bayern）六人，萨克森（Sachsen）及维而敦堡（Warttemberg）各四人，巴敦（Baden）及海森（Hessen）各三人，麦克伦堡须蔚林（Mecklenburg Schewerin）及布郎须外克（Braulschweig）各二人，其余十七联邦各一人。

　　丙、权限。有关德意志帝国宪法、财政、法律之议案，均由参议院公议，取多数决议。决议后，虽本邦议员有经反对者，亦应一律遵行。

所有议案通过于参议院后,再由帝国政府交帝国议会公议。帝国议会开议时,参议院议员得随时到议会声明意见。

联邦各议员于议案提出时,可询问本邦政府意见如何,俟下期决议时,代为发表意见。联邦各议员得代表本邦政府提出议案于参议院。

参议院得质问帝国国务大臣,国务大臣应到院答复。

丁、会议时期及规则。参议院会议时期并无规定,有议案应公决时,由帝国大宰相知照议员,定期集议。现在每年至少集议一次,与帝国议会同时开议。会期长短,亦无规定,量议案之多寡决之。参议院议事不公开。

戊、议长及议员。参议院议长以帝国大宰相兼充之,议员由各联邦主权者,各于重要行政官(大率司长之类,亦有派曾任大臣者)中选派而来。

己、建筑。参议院设在帝国议院之内,详帝国议会章。

二、帝国议会

甲、组织。帝国议会设立一议院,议员由德意志全国各处人民选举而来,定额三百九十七人。普鲁士二百三十六人,巴伦四十八人,萨克森二十三人,维而敦堡十七人,爱尔舍施劳特林肯(Elsass Lothringen)十五人,巴敦十四人,海森九人,麦克伦堡须蔚林六人,萨克森外马(Sachsen-Weimar)、俄尔登堡(Oldenburg)、汉堡(Homburg)、布郎须外克各三人,萨克森麦林肯(Sachsen Meiningen)、萨克森科布高塔(Sachsen-Coburg-Gotha)、昂哈而特

（Anhalt）各二人，其余联邦各一人。

乙、权限。帝国宪法、法律、财政等议案，均归帝国议会公议，议决后由皇帝裁可公布通行全国。

帝国政府及帝国议院议员，均得提出议案。

帝国议会得收受人民呈诉事件，并公议处理之。帝国政府大臣有违法之行为时，帝国议会得弹劾之。

议员对于帝国政府之所为，得质问帝国大宰相。

丙、会议时期及规则。帝国议会每五年行新选举，旧议员全数退职。会期每年一次，自十一月至六月。帝国议会开会、闭会时期，由皇帝定之。若议案过多，皇帝即缓发闭会之诏，议会得延长其会议时期。

皇帝解散议会后，六十日内应行新选举。选举竣事后，一个月内应召集开议。

议事为公开，开议时议员言论均记录并印刷公布，非经全体议员总数过半以上到院，不得开议。非经全体议员总数三分之一以上赞成，不得作为议决。议员若提议事项，须先以书面送交议长。议长编立次序，开议时，按此次序提议。

议员发言应得议长之许可，其言论涉毁谤者，议长得停止之，或令其退出议场。

议案付表决时，议长摇铃停止言论，将议案朗读一遍，听议员表决可否。议场内设有二门分别可否，各议员自由进入，以示表决之意。

议员质问大宰相时，以书面质问之。

政府委员得到议场声明理由。

议事日表内政府提出之案，大率居前。

丁、**议长及议员**。帝国议会设议长一人，副议长二人，均由议员内公举，奏报皇帝。设书记八人，以议员兼充，由议员内公举。

议长代表议员全提，有整饬议场秩序之权。议长不在时，副议长代理之。

每日开议、停议时间，由议长定之。

议员告假，应通知议长，其假期在八日以上者，由议长付众表决。

议员为人民之代表，在会期内不得以轻微事故而侵犯其身体。若犯重罪时，应得议长之承诺，始能逮捕拘禁。议员被法庭判决处罚，即除议员之名，若宣告无罪，即复议员之职。

行政官得兼充议员。议员不得兼充参议院议员。议员公费每日十五马克。

德意志帝国议院议员，现分六党：（一）保守党九十二人。（二）天主教党一百零五人。（三）进步党九十九人。（四）社会党四十三人。（五）保民党三十九人。（六）中立党十九人。以（一）（二）（三）三党为占势力。

戊、**豫算**、**决算**、**国债**。帝国豫算案，每年一次，均由议院议决行之。议院对于豫算，经过三次讨论，始得决议。初次为股员会审查，二次为初议，三次为再议。再议之时，始得表决。豫算不能通过于议院时，皇帝得解散议院（但尚无其例），仍施行上年豫算案，以一年为限，俟四个月内新议院开议时即行提出。

每年开会后，审查上年决算案。

决算数目，比较豫算原案过溢或不足时，议院得质问理由。其不足者，以次年豫算补还之。

帝国国债，非经议院议决，不得借用。

己、股员会。议院设股员会六,第一为议事股,掌关于议事之事;第二为呈诉股,掌收受人民呈诉状及公议处理之事;第三为工商法律股,掌审查关于工商法律之事;第四为司法股,掌诉讼、监狱、法院编制等法律审查之事;第五为财政股,掌豫算、决算、国债等议案之审查;第六为宪法股,掌宪法修正、追加等议案审查之事。若有特别事故,不属以上六股者,另设临时股员会。

每股设股员长、副股员长各一人,书记一人(亦系议员兼充),均由各本股股员自行公举。

开股员会时,参议院议员得到会列席发言。

庚、事务所。事务所专司院内庶务事宜,设事务长一人,事务员及仆役等共二百五十人,闭会期内则只设五十人。

辛、选举方法。帝国人民年在二十五岁以上,住居帝国领土者,均有选举帝国议会议员之权,惟(一) 犯罪者(二) 赖公家赡养者(三) 破产者不在此例。帝国人民年在三十岁以上,住居帝国领土而无前项所列三种事实者,均有被选举为帝国议会议员之权。

分德意志帝国为三百九十七区,每区人民约十万,公举议员一人。每届选举之先,由各区自治公所调查本区内有选举权者若干人,编立名册,须于开始投票之四星期前办妥。名册中应将有选举权者姓名(不得省写字母)、籍贯、现住处所、职业、年岁等项,一一注明。人民得往该公所询已名已否编入,以免遗漏。选举时,以册中有名者始得投票。投票日期全国一致。

壬、建筑志略。德意志议院设在普鲁士首都柏林,于一千八百八十四年开始建筑,一千八百九十四年竣工(建筑费二千三百三十四万马克,器具费三百万马克)。计分五层,最下层安设汽管、水管、煤炭室、食物库等。第一层印刷所、速记生缮写室、急病暂息所、邮政分局、接待室、司阍室等在焉。第二层为议场、议员阅报室、股员会室、参议院国务大臣室、事务长室、议长副议长室(在股员会各室之内)等。第三层为事务所及新闻记者休息室。第四层为藏书楼及厨屋。

各联邦国旗图,绘于议场屋顶之四周。

三、内阁

甲、组织。德意志内阁大臣如左:

一、大宰相(以普鲁士总理大臣兼之)。

二、外务大臣。

三、殖民大臣。

四、内务大臣(以普鲁士内务大臣兼之)。

五、海军大臣。

六、度支大臣(以普鲁士度支大臣兼之)。

七、司法大臣(以普鲁士司法大臣兼之)。

八、铁路大臣。

九、邮电大臣。

其直隶内阁者,为(一)帝国审计院,(二)国债委员会,(三)军人抚恤费经理处,(四)帝国铁路局,(五)帝国银行。内阁设侍郎一人,职同秘书长,会议时列席,专司记录。其下设部长三人,一为大宰相秘书官部长,协力办事。并不分职。

乙、会议。内阁会议,除大宰相及各部大臣列席外,尚有名誉大臣,亦得列入阁议。此名誉大臣,大率以曾任大臣或将军者充之(现仅二人)。

左列事项列入阁议：

（一）法律（阁议以为应修正者，交由本部修正）。

（二）财政。

（三）关于联邦事宜。

（四）其他重要事宜。

凡关于联邦事宜，由内阁知照各联邦时，大宰相及各大臣均署名。

列席阁议之各大臣，对于议案得提出意见书，交由内阁分送各大臣答复。答复书汇齐，即行会议。其有反对者，彼此可以文书相辩论。

会议时用口头辩论，如有应修正者，议决即行修正。修正后由部长付印。其应交议院者，议决后交院会议，无一定时期。如有应行会议事项，由大宰相交内阁侍郎知照各大臣定期集议。

丙、责任。大宰相对于帝国行政事务，总负责任，直接帝国议会。议院之质问，由大宰相交各该部大臣答辩，由大宰相具复议院。议院之弹劾，仅弹劾大宰相，但大宰相不必因弹劾而辞职。

四、财政

甲、联邦分任政费。德意志帝国行政经费，据一千九百一十一年之豫算，共二十八万八千九百七十二万四千六百零七马克（马克约值中国银币五角余），除帝国各种赋税及产业之岁入，共二十六万七千七百七十一万九千九百零马克外，各联邦共担任二万一千二百万四千七百马克。其分任数目如左。

普鲁士（王国）：一三二・○四二・九七九马克。

巴威伦（王国）：二〇・八八七・四二三马克。

萨克森（王国）：十五・九四四・九九八马克。

维而敦堡（王国）：七・六七七・三七三马克。

巴敦（大公国）：七・一一九・三〇四马克。

海森（大公国）：四・二八一・二七八马克。

麦克伦堡须蔚林（大公国）：二・二一三・〇七二马克。

俄尔登堡（大公国）：一・五五三・八四〇马克。

布朗须外克（公国）：一・七二〇・六一二马克。

萨克森麦林肯（公国）：九五二・一四〇马克。

萨克森阿尔登堡（Sachsen-Oltenburg）（公国）：七三一・一七五马克。

萨克森科布高塔（公国）：八五八・三六九马克。

昂哈而特（公国）：一・一六一・四三九马克。

须娃兹堡宋得好森（Schwarzburg-onderschausen）（侯国）：三〇一・四九四马克。

须娃兹堡卢栝而斯踏特（Schwarzburg Rudslstadt）（侯国）：二四二・三六〇马克。

娃而得克（Waldeck）（侯国）：二〇九・三四九马克。

劳意斯阿尔特离离（Reuss alterer Linie）（侯国）：二〇九・九八一马克。

劳意斯客格尔离离（Reuss jungerer Linie）（侯国）：五一一・九二三马克。

夏文伯黎伯（Schaumburg-Lippe）（侯国）：一五九・三〇一马克。

黎伯（Lippe）（侯国）：五一五・四三九马克。

吕伯克(Lubeck)(自由都市):三七四·八〇四马克。

勃雷门(Bremen)(自由都市):九三二·七五一马克。

汉堡(自由都市):三·〇九七·六四五马克。

爱尔舍施劳特林肯(帝国属地):六·四二四·七五四马克。

各联邦分任帝国政费数目,以人口多寡为率。豫算次年应需政费若干,除帝国赋税及所有产业收入外,尚缺若干,以帝国所有人民平均计算,每人应纳若干,以定各联邦应任数目。

乙、帝国赋税及产业。帝国赋税,以(一)关税(各联邦无关税,帝国税关分设各联邦),(二)印花税,(三)车票税为大宗,尚有(四)烟草税一宗,亦为帝国之直接收入者。

帝国产业,以(一)爱尔舍施劳特林肯铁路为大宗,其余尚有(二)森林,(三)矿山,(四)帝国银行等。

丙、豫算办法。帝国豫算每年一次,其期间自本年四月一日起,至次年三月三十一日止。豫算册内,分别(一)用款,(二)入款为两大纲。用款纲内,再分别(一)经常费,(二)临时费二种。入款纲内,再分别(一)帝国赋税,(二)帝国产业,(三)各联邦分任数目三宗。

豫算案由帝国行政各部编制,统一于内阁,交帝国议会议决施行。

丁、征税机关。帝国征税机关,除特设税关征收货物出入境税外,其印花税及烟草税,均由各处市厅,车票税由各铁路局代为征收,交帝国度支部。

戊、帝国政费之支出。帝国政费之支出,以陆、海军费为大宗。据一千九百十一年之豫算,陆军费为七万一千五百一十二万六千九百零二马克,海军费为一万六千七百二十一万二千八百五十四马克,约占岁出全额三分之一。其余政费数目如左。

　　议会经费:二・一〇三・二五五马克。

　　内阁经费:三一四・四七〇马克。

　　外交费:一八・五八八・六八三马克。

　　内务行政费:八九・〇四三・七六七马克。

　　殖民费:二・八八九・五〇四马克。

　　司法行政费:二・八八九・五八〇马克。

　　度支费:二〇一・三六一・二三五马克。

　　国债利息:二八〇・二五一・八一九马克。

　　审计院经费:一・二九三・三二八马克。

　　抚恤费:一五三・七九八・四四六马克。

　　邮电费:六四三・七三〇・三一九马克。

　　印刷费:八・七三八・二二五马克。

　　铁路养路费:一〇一・九二七・三三〇马克。

　　铁路管理费:四八四・八四〇马克。

五、皇室经费

　　普鲁士王兼德意志皇,只支普鲁士王室经费,在帝国并无皇室经费之供给。

六、行政各部

　　甲、各部分职。帝国各部,以大宰相官署(并非内阁)居首,次设各部如左。

（一）外务部（普国兼）。

（二）殖民部。

（三）内务部（普国兼）。

（四）海军部。

（五）度支部（普国兼）。

（六）司法部（普国兼）。

（七）铁路部。

（八）邮电部。

乙、大臣权限及俸给。大臣对于所管事务，得定政见发布命令，并拟定办事规则及任用属官等。各大臣中惟殖民大臣对于殖民地巡抚有考核之权，并对于殖民地事宜担负责任。

大宰相之俸给，每岁十万马克，其各部大臣每岁五万马克（系普国大臣兼者，均支帝国俸给）。

丙、副大臣、司长等之权限及俸给。与普鲁士制度相同，详普国行政各部章内。其系普国各部兼办帝国事务者，仅支普国俸给。

丁、属官任用法。与普士制度相同，详普国行政各部章内。

戊、办事秩序。同上。

七、文官考试（帝国无之）

八、审计院

普鲁士审计院，兼办帝国审计事务。普鲁士审计院长，即兼充帝国审计院长。其组织详帝国审计院章内。

考察普鲁士政治撷要（法政小篇之四）

一、议会

甲、组织。普鲁士国设立两议院，一为贵族院，一为民庶院。贵族院议员无定额，以左列人员充之。

（一）已成年之亲王（由君主钦选）。

（二）世爵。

（三）教堂代表。

（四）多纳税者。

（五）大学教授。

（六）市厅代表。

民庶院议员定额四百三十三人，以人民间接选举之议员充之。

乙、权限。法律、豫算、国债等议案，均先通过于民庶院，次由贵族院公议表决之后，会同上奏，君主裁可公布。

所有议案均应通过于两院，无两院之同意者，不得成为法律。

人民呈诉状，两院得各自收受，并各设临时股员，以调查处理之。

弹劾政府大臣，两院得各自上奏（普国政府大臣，尚无因弹劾而辞职者）。

丙、会议时期及规则。民庶院六年一更新（即选新议员），每届二年,新选议员三分之一,旧议员退职三分之一（以抽签定之,签数少者退职）。贵族院则否。

两院会期每年一次,自十一月一日至一月十五日。若议案繁多,得延长至一月三十。两院开会、闭会时期,均归一致。

开会、闭会时期,由君主议之,并得延长会期及开临时会议,或解散议院。

民庶院期满或被解散时,应于旧议院消灭后一个月内,行新议院议员之选举。

两院议事均公开。

两院非经各本院全体议员总数过半以上到院,不得开议,表决时亦须得全体议员过半数之赞成或反对,始得决议。

议场内设有二门,分别可否。表决时,由议员自由进入,以示可否之意。

每日开议停议,由议长宣布之。

议员言论踰越范围者,议长得停止其发言,或令其出场。

开议时,政府大臣莅院,欲发言者,应让其居先发言。诸案有涉及某官署者,该官署行政官兼充之议员,得以议员之资格,起立申说。

议事日表,由议长、事务长协定,知照政府。如须更改时,由议员多数决之,不必得政府之同意。

本日议事录,应于次日印刷公布。

丁、议长及议员。两院各设议长一人,副议长一人,书记二人,均由议员内公举奏报君主。

议长及议员在会期内,不得以轻微事故而侵犯其身体。议员犯重罪时，应得议长之承诺，始能逮捕拘禁。

行政官及司法官均可兼充议员，惟审计院官、军官、宫内官（均因受职时之宣誓不同），不在此例。

议员被任为行政官时，应辞议员之职。

议员不得兼充两院议员。

民庶院议员公费每日十五马克。

贵族院议员不支公费，在会期内各给一火车免费票。

普鲁士民庶院议员现分四党：（一）保守党，（二）进步党，（三）天主教党，（四）社会党。四党中惟保守党势力最盛，人数殆占全体议员三分之一，进步党次之。除四党外，尚有无所属者约二十人。

戊、豫算、决算、国债。普国豫算案，每年一次，经两院议决行之，但豫算案内，普国担任之帝国政费，议院不得更改。

豫算不通过于议院时，君主得解散议院，仍施行上年豫算案（一千八百六十年，普相毕士马克在位时，因豫备战费豫算案未能通过，即时解散议院，施行新豫算，此为创例）。每年开会后，应审查上年决算案，审计院帮同办理。国债案非经议院议决，政府不得借用。但遇紧急事故，又值闭会期内者，政府得定议借用，俟下次会期求其承诺。若议员认为不当时，以多数之同意弹劾政府大臣。

己、股员会。民庶院设股员会十：第一为议事股，第二为呈诉股，第三为农务股，第四为工商股，第五为司法股，第六为自治股，第七为教育股，第八为预算股，第九为决算股，第十为宪法及其他事务股。每股人员至少五人，至多十人。每股设股员长、副股员长、书记各一人，均由各本股股员互推。

庚、事务所。两院各设事务所,一专司院内庶务事宜,各设事务长一人,事务员五人。两院共用速记生七人,仆役八十余人。

辛、选举法。有为贵族院议员之资格者:(一)亲王,(二)世爵,(三)教堂代表,(四)多纳税者,(五)大学教授,(六)市厅代表诸人。亲王由君主钦选。大学教授由学校公推。其余俱有某种法定资格,即当然得为贵族院议员,勿须推选。

民庶院议员之选举,用间接选举法,分有选举权者为三级:纳税逾全国租税总额每人平均数目者为第一级,仅及者为第二级,不及者为第三级。选举时,分普鲁士全国为四百三十三区,每区分以上三级,各级选出选举人数目,均归一致(不论某级人数多寡),再由选举人公同选举议员(每区选出议员一人,每议员约代表五万人。现在普鲁士各选举区人口有增至八万余者,有减至二万余者,殊未能均平也)。

凡普鲁士男子年逾二十五岁者,均有选举权,年逾三十岁者,均有被选举权,但均以无左列事实之一者为限:(一)犯罪者,(二)赖公家赡养者,(三)破产者。

投票日期全国一致,由内务部酌定,通知全国各处自治公所,先期预备选举名册。

壬、建筑志略。两院设立一处,贵族院在前,民庶院在后,各有大门,各分四层。最下层为蒸汽管室及存储库。第一层为接待室,速记生室,印刷所,司阍室。第二层为议场,议长、副议长室,股员会室,事务长室,阅报室,膳室。第三层为事务所,新闻记者休息室,藏书楼。以上各层布置之法,两院一致,惟民庶院较为宽阔。

二、内阁

甲、组织。普鲁士内阁组织如左。

(一)总理大臣兼外务大臣。

(二)度支大臣。

(三)司法大臣。

(四)陆军大臣。

(五)内务大臣。

(六)学务宗教大臣。

(七)工部大臣。

(八)农林大臣。

(九)商务大臣。

其直隶内阁者,为(一)度量衡局,(二)行政审判院,(三)审计院,(四)移民局(局内另设董事会一)。

内阁设侍郎一人,部长三人,即帝国内阁职员,职务亦同。

乙、会议。总理大臣及各部大臣得开内阁会议。此外尚有名誉大臣,亦得列入阁议,制如帝国内阁。

左列事项以内阁会议决之。

(一)法律。

(二)财政。

(三)各部关联事宜。

(四)其他重要事件。会议时以总理大臣为议长,议长不到时,由各部大臣中资望较深者一人代理议长。

丙、责任。总理大臣对于全国行政事务,担负责任。各部大臣对于主管行政事务,担负责任。

三、财政

甲、岁入。普鲁士之岁入,据一千九百零九年之决算,为四十四万零八百一十万二千四百零六马克。其收入为(一)赋税,(二)国有产业,(三)国家营业三宗。赋税分直接税、间接税二宗。直接税有(一)所得税,(二)田赋,(三)渔猎税,(四)市场税,(五)遗产承袭税(必遗产在二十万马克以上者,始征税,其税近颇加重)五种。惟所得税之收入,殆占岁入总额三分之一,其次则为田赋。间接税有(一)奢侈品税(甚重),(二)酒税(以香槟、威士忌酒税为最重,殆合价值三分之一),(三)盐税三种。国有产业有森林及牧马场等。国家营业有瓷器厂及银行等。

乙、岁出。普鲁士岁出,除担任帝国行政经费外,其本国之岁出,以工程制造费为大宗,殆越过岁出全额三分之一,其次为农务商务经费,占全额五分之一,度支经费十分之三,其他行政经费九分之二。

丙、豫算办法。照普鲁士宪法之规定,豫算年限及办法,均照帝国豫算之法办理,惟豫算册内入款一纲,系分别(一)赋税,(二)国有产业子金,(三)国家营业子金三宗,与帝国预算册不无歧异。

丁、国家税及地方税。国家税有(一)所得税(每人每岁所入子金、俸给、工资等,在一千二百马克以上者,为下级纳税率,为百分之三,在柏林为百分之四。每岁所得在九千五百马克以上至三万马克者,为中级税率百分之四,全国一致。三万马克以上者,为

上级税率,为百分之五,全国一致),(二)田赋,(三)渔猎税,
(四)市场税,(五)遗产承袭税五种。其地方税有(一)所得税
(其税率与国家税同),(二)田地税(其税率与国家税中之田赋相
同),(三)建筑税,(四)玩物及游戏税(其税率由各处市厅自定,
大率警察经费取给于此)。

　　戊、征税机关及办法。 各处市厅内均设有收税所,地方税由
各市厅自行征收,国家税亦由市厅代为征收,政府并不另设征税
机关。其征收所得税之办法,每年定期由各处市厅印刷所得税
征收单(单内载明若不慎写实数,应处监禁之刑),挨户分送,令
其自填每岁所入数目,限一星期交还。市厅即按所填数目分列
等级,以定纳税数目。若认为有匿报之疑者,交征税名誉委员会
(以五人组成)调查。若仍认为可疑,则请其到市厅面询情由,即
为更正。若自行陈明无讹者,即宣誓并未匿报。将此誓言,记于
征收单内。至将来查有匿报时,处一年以上之监禁刑。市厅于
所得税征收单交齐办妥后,知照各人应纳税数目,定期自赴市厅
完纳。

四、王室经费

　　甲、王室经费之于宪法上及其数目。 君主为国之元首,总揽
统治权,不可无相当之经费,以供其支用,而保其尊崇。除王室产
业为君主专有不计外(现在岁入约七百数十万马克,为田产、森林、
矿山等),每年国家另供给以一定之经费。照普鲁士一千九百一十
年之豫算,王室经费为一千五百七十一万九千二百九十六马克。

　　乙、普鲁士王室经费之历史及其界限。 从前普国田产,除私

家专有外，均为君主所有。当时国家与君主之界域不分，君主田产之所入，即充国家政务之用。嗣后以此种田产属之国家，每年另供给王室经费，与国家政费界域划清。距今三四十年前，普鲁士王室经费仅七百七十一万马克，至一千八百八十年以还，因物价日昂，及王族繁衍之故，逐年增加。一千九百一十年增至一千五百余万，十一年则增至一千七百余万矣。

王室经费既经议定之后，即照数供给，不得问及盈余，并不得以今岁盈余之数，归入次年供给数目之内。王室产业及以王室经费购置之产业，并先王遗款等，均归君主专有，不得算入王室经费之内（现在普鲁士先王遗款，有腓力特列第四遗款一千五百万马克，专备后嗣贫乏之用，及前王威廉第一遗款数千万马克，其利息均归今王之用）。

所有王族用款，统在王室经费之内，国家不另给费用。

丙、王室经费产业管理法。王室经费及产业均归宫内省管理，就所有事务，分设各司，各专职掌（惟宫内大臣及宫内省官吏均非国家官吏，其大臣只对于君主担负责任）。

五、行政各部

甲、各部分职。普鲁士行政各部分设如左。

（一）外务部（兼帝国事务）。

（二）度支部（兼帝国事务）。

（三）司法部（兼帝国事务）。

（四）陆军部。

（五）内务部（兼帝国事务）。

（六）学务宗教部。

（七）工部。

（八）农林部。

（九）商务部。

乙、大臣之权限及俸给。大臣对于所管事务得定政见，发布命令，并拟定办事规则及任用属官。各大臣俸给，每岁五万马克，其兼办帝国事务者，仅受帝国俸给。

丙、副大臣、司长等之权限及俸给。副大臣对于本部事务，有总核之权。大臣不到署时，得代大臣签押。司长对于本司事务，总责其成。司员补助司长办理本司重要事宜，副司员补助司长办理本司之事。其俸给数目列表于左。

各部 ＼ 官职	副大臣	司长	司员	副司员
外务部	25 000 马克	20 000 马克	7 500 至 11 000 马克	3 000 至 7 500 马克
度支部	20 000 马克	14 000 至 17 000 马克	7 000 至 11 500 马克	3 000 至 6 600 马克
司法部	20 000 马克	14 000 至 17 000 马克	7 000 至 11 500 马克	3 000 至 6 600 马克
陆军部	36 000 马克	20 000 马克	7 000 至 14 000 马克	4 000 至 7 500 马克
内务部	20 000 马克	14 000 至 17 000 马克	8 000 至 12 000 马克	5 000 至 7 800 马克
学务宗教部	20 000 马克	14 000 至 17 000 马克	7 000 至 14 000 马克	3 000 至 6 600 马克

（续表）

各部 \ 官职	副大臣	司长	司员	副司员
工部	20 000 马克	14 000 至 17 000 马克	7 000 至 14 000 马克	3 000 至 6 600 马克
农林部	20 000 马克	14 000 至 17 000 马克	7 000 至 14 000 马克	3 000 至 6 600 马克
商务部	20 000 马克	14 000 至 17 000 马克	7 000 至 11 500 马克	3 000 至 6 600 马克

陆军部另设顾问官，每人每年俸给，自一万四千马克至一万七千马克。

副大臣以次虽兼办帝国事务者，仅受普国俸给。

丁、属官任用法。各部属官之任用，约分三等：（一）高等者，为曾经大学校卒业学生，得由副司员（指经文官考试而得副司员者）浒升司员、司长、副大臣。（二）中等者，为中学校或商务学校卒业生，能笔算记录者，得充书记之职。（三）下等者，为退伍军曹，能抄录者，以之服公役，司传达文书、看守官舍、誊印文件等事。

戊、办事秩序。凡文牍之到部，先由总收发处登记后，送交管理案卷处盖印，并注明应归某司某科承办，汇呈副大臣，分交各司长，由司长分配司员及副司员办理。其分交各司长时，管理案卷处应将有关系之案卷，一并检交。

凡（一）应上奏之事，（二）关系联邦之事，（三）送达外国之事，（四）行各部之事，（五）其他重要之事，均须大臣签押。其余轻微之事，则由司长签字发行，稍重要者，得与副大臣商酌之。司员于其承办之事，认为须大臣签押者，应经由司长先交副大臣阅看,再呈大臣签押发行。

六、文官考试

　　凡在本国法科大学卒业者,得应初级考试。初级考试,由初级考试委员会办理(此委员会以法科大学教授及行政官之邃于法学者组成之,均由政府选派)。其考试之法,拟具问题(大概合事实、法律而言),使应试者以论说为答案。录取者,量其才学所宜,分派各法院或各部、各省府官署学习。学习期满,由各人志愿。愿为律师者,于学习满一二年后,得先为某律师助手,俟确有经验时,法院得许可其为律师。愿为司法官者,于学习满三年后,应再经司法官之考试,而充帮审官。愿为行政官者,于学习满三年后,再经行政官之考试,而充各部、各省府官署之副司员。

　　所有考试,每年一次(初级考试多在大学校内举行),均定期齐集。

　　司法官、行政官之考试,由君主选派富有学问之大臣一人,为主试官长,有声誉之大学教授八人(亦不限于教授,惟教授之例为多)为主试官。每次考试二日,第一日为论说,第二日为口头问答。

　　学习人员,经司法官或行政官之考试,未录取者以后不得再试。

　　学习人员到各处学习时,应将该官署所有事务,均亲自学习(如普鲁士学务宗教部分设四司:(一)宗教司,(二)中学及小学司,(三)高等政育司,(四)医学司,学习人员应将此四司事务全行学习)。学习期满后,自行报名愿试,由考试官审查报名者之是否有应试资格(如学习年限不足或学习未完全之类)。考试时,应将出生证、当兵证、免兵役证、中小学校及大学校卒业证书，每年分数单，初级考试录取证等交出，以备审查。

普鲁士全国考试文官之处，共有十二，均在大城市举行。

七、审计院

甲、审计院之组织及其权限。普鲁士审计院（设立已二百年），以院长一人、部长三人、科员十六人组织成之。虽兼办帝国审计事务，惟院长兼帝国审计院院长之名，部长以次，仍为普国审计院官吏。另设办事员一百四十六人，司缮写核算之事。

审计院为独立官署，不受总理大臣及其他官署之节制，议院亦不得命令之。

乙、审计院职官任用及其俸给。审计院院长系由君主特命（不由总理大臣荐举），部长由院长荐举，奏报君主。其余各员，均由院长及部长会议委用，大率以长于综核，熟悉情形人员充之。

审计院官吏，均为终身官，政府不得更调之。辞职之后，国家另给以退隐金。院长及部长得支原俸十分之七。院长年二万五千马克。部长年俸一万四千马克。科员年俸由七千马克至一万一千马克。办事员年俸由三千马克至六千马克。

丙、审查办法。审计院分设三部，为（一）铁路部，（二）行政经费部，（三）法庭经费部。每部设部长一人，科员数人，办事员若干人，各有专司。先由办事员审查，制成报告，送由科员核阅。科员阅后，附记意见，送部长查核。若有不符之处，事关重大者，则送由院长分别奏报咨询。若事涉轻微者，则由部长处理。若科员与部长、部长与院长意见不同时，则开全体会议以决之。会议之时，由职司小者先述意见,取多数决议。

各官署簿册,均于十月一号送到。大约审查须一年始能竣事,其重大局所簿册可直接送交,勿庸由该管官署转送。

审计院得随时派员往各官署局所调查细账。

各官署局所巨款收据,均应随簿册送交。

审院若查有某官署浮收税项事,应责令将浮收之数付还人民。

审计院与行政官意见不同时,付议院公议。

丁、审查要义及报告。审查之要义有二:(一)为代君主查察各官署有无错误,(二)为代议院查决算案是否适合。议院对于决算案,因簿册过多不能一一稽核,故由审计院先行审查。所谓审查,非但注意于账目有无错误,并宜查某款之支出是否适当。每年审查完结后奏报君主(虽总理大臣亦不之知),并报告议院。但于议院有所询问之时,应随时查明答复。

考察萨克森政治撷要（法政小篇之五）

一、议会

甲、组织。萨克森国设立两议院，为第一议院、第二议院。

第一院议员无定额，除已成年之亲王外，尚有民选议员五十人，均限于每年纳田产税在十铁拉以上者（现有主张加商工代表者，尚未实行）。

第二院议员定额九十一人，由人民直接选举，分萨克森全国为九十一区（有数小城并为一区，有一大城作为数区者），每区选举议员一人。

乙、权限。法律、豫算、国债等议案，均应通过于两议院，并得收受人民呈诉状。国有产业及王室产业，第二院有监守之权。弹劾政府大臣，两院得各自上奏（政府大臣因议院弹劾而辞职者，仅一千九百零二年一次）。联邦参议院所议决之办法，可即照办，不再交议。惟有关财政者，仍应交议。

国家有紧急事故，有速定某项法律之必要，而不及交议院者，君主得以诏书定之。国务大臣公同署名，均负责任，俟下次会期补行提出。

丙、会议时期及规则。第二议院，每届二年选举新议员三分之一,旧议员退职三分之一(以抽签定之),至六年则议院一更新。第一议院俟通常期限及半之时,新选半数议员,旧议员退职半数(以抽签定之)。君主解散议院后,应于六个月内召集新议员(倘因事故不能赶期者,得稍展期间)。解散议院时,两院应同时解散。两院会期每二年一次,自十月末日起,量议案之多寡,开会五个月或七八个月不等。两院开会、闭会时期,均归一致。

开会、闭会时期,由君主定之,并得缩短或延长其会期。

两院对于一议案意见互异时,两院各以多数议员聚集一处,公同会议,取多数决议。合议之时,以最初经由之议院议长为会议议长。

议院非经全体议员总数过半以上到院,不得开议。第一议院非经全体议员总数过半以上表决,不得决议。第二议院非经全体议员三分之二以上表决,不得决议。议案表决时,只有可否(无中立者)。议场内设可否二门,各议员自由进入,以示意向所在。

议院每日开议,除秘密事件外,均为公开。

开议时应设速记生,记录言论。

议事日表应于二十四点钟以前,印出分送。

政府若有临时紧要事故须提议者,虽未及登入议事日表,亦得临时提议。

议员言论只许驳议意见,不得因而詈及本人。若毁谤君主或王族,而不听议长停止言论之命者,议长得即令停议。情形重大者,得将该议员交司法官署惩治,并即除去议员之职。因毁谤他人而损害他人名誉者,办法亦同(宪法第八十三条)。

丁、议长及议员。第一议院设议长一人、副议长一人,书记二人。此四人者,俱由议员公举,呈请君主钦选。第一为议长,第二为副议长,余二人为书记。

第二议院设议长一人、副议长一人或二人,书记二人,俱由议员公举。

议长有维持议场秩序之权,得停止某议员言论,或令即时停议。每日开议、停议时间,由议长定之。议员在会期内,除犯重罪外,不得以轻微事故,侵犯其身体。

议员因事故不能到院,已逾八日者,应将其事由报告于议长。

第二议院议员被任为官吏时,应辞议员之职。

议员公费,每会期三千马克(住居都城者减半),分数次付给。

议长公费,每期一千马克,会期延长,并不加费。

开临时会议时,议员公费每日十五马克(住居都城者减半)。

会期内议员来往,均有火车免票,议长则有长期免票。

第二议院议员现分五党:(一) 保守党,(二) 自由党,(三) 自由思想党,(四) 社会党,(五) 维新党。此党现仅一人,余四党势力相均。

戊、豫算、决算、国债。萨克森会计年度,定为二年,故每二年提出豫算案一次。人民担负税率及纳税期间,均于豫算案中规定之。

豫算案一经决议后,政府即不得更改,支出时不得逾越过多。

豫算案不通过于议院时,君主可解散议院,仍施行上年豫算,以一年为限,俟新议院成立时,即提出于新议院。若反对之数占三分之二以上时,即废止上年豫算,另定新豫算案。

豫算案内之萨克森担任帝国政费,不得异议。

每新届议院之期(即每二年之补缺选举也),应审查前二年之决算案。审查决算案时,各主管官署应将有关之账簿、巨款收条及支出理由书，一并送交议院。

国家秘密政费之支出，应有国务大臣三员以上之署名。请君主批准。议院询及时，应秘密知照之。

议院于决算案审查完毕后，上奏君主，具陈某款过溢原额，某款应酌剂他项。

两议院对于豫算、决算案意见互异、争执不决时，由两院多数议员组成公同会议，取数决之。

国债非经议院议决，政府不得借用，但遇紧急事件，不值开会期内者，得召集临时会议决之。若事机迫促，不及召集者，君主得与国务大臣定议借用，于下次会期提出，求其承诺。

国债事务，由议院内设一股员会以综核之（另用会计、书记等员报告政府）。每新届议院之期，将从前账目截算清楚。

国债账目，均交审计院检查。检查完毕时，交由议院承诺后，印刷公布。

己、股员会。第一议院设股员会四，每股人员多寡不一，至多十五人，至少五人。第一为宪法股，第二为法律股，第三为财政股，第四为呈诉股。每股设股员长、候补股员长、书记各一人，经理本股一切事宜。若遇有特别事件，不属于以上四股者，议长得另设临时股员会，以处理之。

第二议院设五股员会：第一为呈诉股，第二为豫算股，第三为决算及财政股，第四为宪法股，第五为法律股。若遇特别事件，不属于以上五股者，由议员公议另设一临时股员会，以审查之。每股股员至多十五人，至少五人。每股设股员长、候补股员长、书记各一人。一议员不得兼充两股员会股员。

庚、事务所。两院各设事务所，一专司院内庶务事宜。第一院事务所设办事员八人,第二院十六人,均由议长选派,经议员承认。两院设总事务长一人,其下用会计、藏书、技师数员,由两院议长会同选任。

辛、选举法。分萨克森全国为九十一区,每区选举第二院议员一人。凡萨克森臣民,除女子及不能自营生活而受公家赡养者与剥夺公权者,均不得有选举权外,其年在二十五岁以上之男子,每年纳税在三十马克以上者,均有选举权。

每届选举之期,先由各选举区自治公所调查,造成选举人名册。选举时,以册中有名者始得投票。凡萨克森臣民为男子者,除有左列事实之<公>一,及服外国之务者,并年未满三十者,不得为第二议院议员外,其余不问其信仰何种宗教,及经营何种生业,均有第二议院议员之被选举权。

(一)犯罪者。

(二)不能自营生活,赖公家赡养者。

(三)负债涉讼未清结者。

(四)在官署公所内服务,因品行不端被斥退者。

第一议院之议员,除王族议员不由选举外,余皆分区选举。其选举区域与第二院议员之选举区相同,惟数区合选一人耳。

第一议院议员之消极资格,与第二议院议员同。惟积极资格(除王族议员外),以有田产者始有选举权,纳田产税每年在十铁拉以上者,始有被选举权。

壬、建筑志。萨克森两议院设在一处,一千九百零七年建筑竣工(建筑费及家具费各五百万马克)。计分四层,最下层为汽水管室。[(一)蒸汽管为冬季御寒之用,除院内一分外,另设一分与市厅蒸汽管连接,以备损坏时更替之用。(二)热水冷水管为盥沐之用。(三)空气管为更换空气之用,以电为原动力,吸空气入管,由纱布滤过,使之清洁]第一层为股员会室及事务所,议院大门在焉。第二层为议场及股员会室。第三层为新闻记者休息室、厨室、仆从室。以上各室之布置,均由建筑技师之计画,形式各别。第一院墙壁糊饰及家具均用红色,第二院均用绿色(另有一室,屋内布置尤为精美,为曾赴议院赛会者)。议场内无国王位,开院式在宫中举行。议长席设电铃十数,以与各室相通。速记生座位,另有梯路,通于第一层,不穿走议场。藏书楼设在第二层议场之侧(藏书九万余种)。会计处设在藏书楼之侧(仅一人管理)。管理国债处(仍由股员会监督之)设在第一层。第二院议场座位,均用能起落者,第一院则否。院内各室钟表,均以电线相通,使归一致。

二、内阁

甲、组织。萨克森内阁组织如左。

(一)总理大臣兼内务大臣及外务大臣。

(二)法部大臣。

(三)陆军大臣。

(四)度支大臣。

(五)学务宗教大臣。

其直隶内阁者,为(一)行政审判院,(二)审计院,(三)宪法判断院,(四)法典库。

内阁设部长二人,专司记录及文牍之事。书记二人,专司缮写。设印刷所一,用编纂员一人,专司议案编辑付印之事。

乙、会议。国务大臣均在御前会议,已成年之亲王亦得列席,但无定额。

此会议之权力，为国家最高之权力。左列事项，以会议决之。会议时以总理大臣为议长。

（一）联邦交涉事务。

（二）法律裁可事务。

（三）各大臣意见不同之时。

（四）各部繁难之事。

（五）财政。

（六）国家秘密事件。

（七）付印各种律例。

（八）重要事务一部不能决定者。

丙、责任。全国政治由内阁担负责任。各部大臣对于该管行政事务，亦负责任。

三、财政

甲、岁入。萨克森岁入，据一千九百零七年之决算，为十一万九千五百三十三万二千六百六十九马克。其收入为：（一）租税，共十一万三千三百七十五万零三百七十一马克，（二）国有铁路，共五千九百九十七万四千二百九十九马克，（三）国有森林，为三百十一万五千六百二十七马克，（四）国有矿业，为十四万四千二百八十四马克。

乙、岁出。萨克森岁出，除担任帝国行政经费外，其本国之岁出，以行政经费为大宗，殆逾岁出全额三分之一。其次为陆军经费，亦约占三分之一。再次为王室经费、议会费、王室产业管理费及工程制造费等。

丙、豫算办法。与帝国豫算办法大致相同，惟豫算效力定为二年。

丁、国家税及地方税。国家税分直接、间接二宗。直接税中有（一）所得税（最为大宗），（二）田赋，（三）遗产承袭税三种。间接税中有（一）酒税，（二）盐税，（三）奢侈品税三种。

地方税有（一）所得税，（二）地租，（三）建筑税，（四）各项定式书面费（如护照、允准证等，由各处警厅、市厅自定数目，报内务部核准），（五）玩物税（蓄犬税在内）五种。

戊、征税机关及办法。所有租税俱由市厅征收，征收所得税办法与普鲁士同。若乡村之处，则合数乡村市长公举一人，综理收税之事，并公举绅耆五人，组成董事会，专司调查之事。间接税多就制造场征收，亦归市厅办理。

四、王室经费

甲、王室经费之供给及其数目。王室经费由议院议决，照数供给。拟增加时，由度支部编入豫算，声明理由，提出于议院，求其应诺。议院虽得议减，但从无此例。照萨克森一千九百零九年之豫算，王室经费为三百五十五万马克，每月初由度支部拨给次月经费。

乙、萨克森王室经费之历史及其界限。一千八百三十一年，王室经费每岁仅一百余万马克。迨一千九百零二年，增为二百七十万马克。嗣后又因物价日昂，宫内省用官增多，于一千九百零三年提出增加案，因未能通过，解散议院。于一千九百零四年，新议院成立,始得赞成,增为每岁三百五十万。嗣又因宫内省官俸增加,于一千九百零九年,增为每岁三百五十五万,至今仍之。

萨克森王室产业(有田产、矿山、森林等),每岁收入约三百万马克,为君主专有,不在王室经费数目之内。君主成年(十八岁)后,始供给王室经费,未成年时,只供给王族费(较王室经费减少),亦由议院议决供给。

亲王成年(二十一岁)后,另给王俸,不在王室经费之内。王后、王子、公主之俸养,王室用人及一切费用,统在王室经费之内。

储君未结婚以前,不另增费,成婚后每年定费六十万马克。其余王子成年而未婚者,定费二十万马克,均增入王室经费之内。

丙、王室经费产业管理法。照萨克森宪法之规定,王室产业归度支部掌理,不得抵押售卖。总计王室产业十年内所得子金,一年平均数目,每岁照此数目支给王室(不在王室经费之内)。王室经费及君主私产,均归宫内省管理。其出纳及稽查之法,与行政各部同。宫内省虽不为国家机关,然系独立官署,不受度支部之节制(一千八百七十九年王室典范中规定之)。

五、行政各部

甲、各部分职。萨克森各部分设如左。

(一)法部。

(二)内务部。

(三)学务宗教部。

(四)陆军部。

(五)度支部。

（六）外务部（仅有外务部之名，其实由内务部兼办）。

　　乙、大臣权限及俸给。大臣统辖所部行政事务，定施行顺序，并部内办事规则，监督所属官吏，得进退赏罚之。大臣年俸为二万六千马克(陆军大臣未详)。

　　丙、司长、司员之权限及俸给。司长依照大臣所定政见，切实执行。轻微事件，得专行之。例行事件，于大臣不到署时，得代为署名发行。司员辅助司长，分任事务，副司员会同司员承辩各事。司长年俸为一万四千马克，司员九千马克至一万一千马克。副司员四千马克至五千四百马克(陆军部司长等俸给，另有规定)。

　　丁、属官任用法。与普鲁士大致相同，详普国行政章内。

　　戊、办事秩序。详见萨克森行政各部职掌概要章内。

六、文官考试(与普鲁士大致相同，详普国文官考试章内)

七、审计院(另有专章)

萨克森行政各部职掌概要(附录)

一、法部

法部分设七司,职掌如左。

第一司:掌考核各级审判厅一切事宜,并稽查审判官违法审判之事。

第二司:掌司法及司法行政人员任用黜陟及薪俸事宜。

第三司:掌全国司法行政经费之出纳,并法庭修缮建筑之事。

第四司:掌犯罪人刑之执行及赦免之事。

第五司:掌管理律师之事。

第六司:掌关于陪审官(地方审判厅推事,每年会议一次,各举邃于法律者若干人,名为陪审官,遇有重罪案件,则请数人来陪审,以期推勘悉当。初级审判厅亦然,惟遇疑案时则请陪审)一切事宜。

第七司:掌法部所有官家产业之事。

一、法部办事情形。所有文牍,俱先交文牍处,由文牍处分交各司,由各司长过目,注明办法后,分配各司员办理。司员拟稿后,交司长定夺可否(无论再稿、初稿,均应交司长定夺)。

已经司长改定后,即由原办司员,将原稿誊出。其事涉轻微者,即由司长签名发行。其事关重要者,则由司长盖用大臣衔章,呈请大臣定夺。所谓重要事件者:(一)为应奏请批准之事,(二)为应送交德意志大宰相,各联邦政府、联邦参议院之事,(三)为审判官休职罢黜及赏赐勋章之事,(四)为购地及建筑之事。除以上所举事项外,尚有应呈大臣定夺者甚多,均以事关重大为断。

高等审判厅厅长及高等检察长,虽不在部中,而部中、厅中事务,常彼此咨询,商同办理。所有部厅相关事宜,多彼此面商,不以文书往还。

二、内务部

内务部分设四司,职掌如左。

第一司:掌关于民政用人之事。

掌关于美术学校之事。

掌关理报馆之事。

掌修理道路桥梁及浚河之事。

掌工人保险之事。

掌疆理之事。

掌选举之事。

掌入籍出籍更名婚姻之事。

掌爆裂物管理之事。

掌交通之事(如车辆、飞船等限制通行之事)。

掌慈善事务。

第二司：掌保安警察之事。

掌消防警察之事。

掌建筑警察之事。

掌卫生警察、饮食物营业、卖药、看护妇等管理之事。

掌增益警察之事。

掌管理兽医之事。

掌乡村警察之事。

第三司：掌工艺及商务之事。

掌农工商学校之事。

掌私立保险公司之事。

掌稽查市内储蓄银行之事。

第四司：掌全国医院之事。

掌孤儿院之事。

掌养老院之事。

掌改过所之事。

内务部中选董事若干人，分作各董事会，以一董事会专管贵族一切事宜，并贵族承继序位，随时报告政府。以一董事会专管全国度量衡之事。以一董事会专管全国农业、林业、牧畜、渔业及果实、蔬菜、田园之事（此会董事多由农业、林业学堂教习中选任之，并选精于养马、畜牛、豢猪、养鱼、养蜜蜂诸术之人充任之）。以一董事会专掌全国工艺、商务之事。

内务部中另设一局，专掌调查户口之事。

此外尚有关于专门学术之事，如机器、化学等，均设有顾问官，不仅为内务部之用，各官署如有疑难之处，均可相询也。

有一董事会，专掌火险之事，遇有大火灾及雷电延烧并炸裂物爆发等事,可研究其原因,并预防方法,以告政府。

有一董事会,专掌稽查屠兽场及各卖肉营业之事(现在萨克森有卖肉保险公司,如一牛肉保十日售出,不致腐坏,乃未至十日业已腐坏,即归保险公司偿其价。诚恐该公司以腐坏兽肉,朦混售出,亦宜稽查之也)。

乡村警察,由内务部时派司员常往稽查。

特来斯顿警察,由内务部直接办理。

有一董事会,专管全国医学事宜,各种传染病之原因及预防方法,均研究之。

特来斯顿产科病院及种痘医院,均内务〔部〕所办,一律免费。

特来斯顿高等兽医学堂,系内务部所办,专为研究兽病、预防兽瘟而设,另设一董事会,以相佐助。

萨克森有工人保险局(工人年老或残废,可得保险费,以资衣食),乃内务部所办。其总局在特来斯顿,分局设在坎姆列兹、来浦蔡溪二处。以上所述,均内务部所管事务。其所办学堂,略举于左。

一、速记学堂。特来斯顿。

一、美术工艺学堂。特来斯顿。

一、雕刻学堂。特来斯顿。

一、美术装潢书术学堂。来浦蔡溪。

一、高等商业学堂。来浦蔡溪。

一、专门机器学堂。坎姆列兹。

一、专门电气工艺学堂。坎姆列兹。

一、实业学堂。坎姆列兹。

一、实业学堂。保真。

一、实业学堂。特来斯顿。

一、建筑学堂。特来斯顿。

一、建筑学堂。来浦蔡溪。

一、建筑学堂。节讨。

一、建筑学堂。普劳文。

一、织布学堂。普劳文。

一、织布学堂。特来斯顿。

一、农业学堂。特来斯顿。

一、农业学堂。来浦蔡溪。

三、学务宗教部

学务宗教部分设四司,职掌如左。

第一司:掌理宗教事宜,并传教允许或禁止之事(既经允许后,所有建筑教堂地址等事,概不加以限制)。

第二司:掌稽查教会财产之事(其财产充善举之用者,则归内务部管理)。

第三司:掌理教会账目及全国教育经费之事。

第四司:掌稽查各学堂之事(学务宗教部所管,限于普通学堂。此外各种专门学校,如林业、农业、矿务、美术、兽医、商业、工艺等,均内务部所办,则归内务部自行稽查)。

一、**部内办事情形**。所有文牍,俱呈大臣阅看,由大臣批定办法签字。大臣若有事故,不能到署时,由司长代理(亦批定办法签字)。本部之司长只设一缺,专管各学校教习聘任、更换及考试教习之事。通部司员凡七人,三为法律学家,四为教育学家。第一、

二、三司事务,归此法律学家之三司员公同管理。其第四司事宜,则归此教育学家之四司员管理。

部内设一庶务科,科分三股。第一股专掌钞录之事,用书记生约五六人。第二股专掌校对一切账目及办理豫算表册,并统计报告之事。第三股专掌会计之事。外行公文,俱应交司长阅看无讹,然后发出。

四、陆军部

萨克森陆军军官、军械、粮饷、军服、营舍等,均归陆军部管理。萨克森国王兼陆军元帅。所有关于陆军事宜之文牍,均应书明上呈元帅字样。

陆军部设大臣一,司长五。司长承办各事,并不分司。大臣若有事故不能到署,则由司长中择一资劳较深者,代理其事。司长之下,设有军官、军医官及军法官若干人,相助为理,亦不分科。

陆军部设庶务科一。庶务科长,多于年老退职军官中选择一人充之。所有收入文牍,即由庶务科登记、编号,送呈大臣阅毕后,分交各司长。各司长于文牍中批注办法,交司员(即军官、军医官、军法官拟稿)。定稿后,由司长交庶务科誊清。再由庶务科将誊清之文,交还司长,即由司长呈大臣签字发行。

陆军部设有各董事会如左。

一、商议兵士抚恤费之事。

二、筹划参谋之事。

三、稽查各营之事。

四、掌关于军营传教士之事。

五、掌稽查各营军械之事。

六、掌稽查军人治罪及陆军监狱之事。

五、度支部

度支部分设三司,每司设司长一人。度支大臣及三司长,实为度支部之枢纽。所有应行上奏及咨询各衙门并通知外邦各事宜,俱经大臣及司长会议决之。

(一)新订税则,(二)购买重大物产(如铁路、矿山或公司等),(三)出赁重大物产,(四)豫算、决算,(五)更改豫算及国家秘密政策,并与财政攸关等事,均为大臣及司长所应会同商办者也。其余之事,则由各司长专办,毋庸会商。三司所掌事务如左。

第一司:掌全国豫算之事。

掌全国款项出纳及税务之事。

掌纸币发行之事。

掌理国债之事。

第二司:掌理全国田产、森林、山陵、房屋、矿山、瓷器厂等。

第三司:掌理铁路、邮政、电报、国有道路、桥梁、川河等交通之事。

此外尚有各事未能在部中办理者,如所得税之有无,少纳田赋之计量,修路、造桥、浚河等工程之核算,均分别任用各专门学家及测量学家,派往各处切实稽核。

既有以上各测量学家,则萨克森全国舆图即可制作,已于一千九百年定此办法,现正办理。图分全国各省城镇乡村住户等类,住户所有田产均于此次查明,详细注册。有应行放大之图,均放大绘就,存部备查。此次测量尚恐有错误之处,当派员前往覆勘。所有铁路经过地域,均另绘一图,以资参考。

此外尚有不在部中而归部辖者,则税关及征税局是已。税关及征税局所用人员,均报知度支部存案。各税关及征税局,虽有按物征税之权,但遇有重大事件,应请部示办法,税关及征税局应将事务及账目报告于度支部。此项报告即由第一司查核。报告时,应将原账及各委员原禀一并附送,以备查核。

各铁路局对于度支部,一如税关及征税局。

六、外务部

萨克森外务部并未设有官署及职官,所办之事,俱以内务部员司兼理。内务大臣即兼外务大臣。外务部发出文牍,俱由外务大臣签字。若有事故不能到署,司长代理其事。所有例行轻微之事,如关于各国公使之到任等事,即由司长办理,报告大臣。所有外交事件,虽不能均由大臣躬亲,然事无巨细,必经大臣之耳目。

考察特来斯顿警政纪略（法政小篇之六）

自来特城警政，全归市厅掌理。自一千八百五十三年，始将其事务之一部，划归萨克森内务部，特设警厅以掌理之，而仅限于安宁警察之范围。至增益警察，则仍由市厅干施之。以下所述，均安宁警察之事。

所谓安宁警察者，如司法、风俗、政治、交通、游戏等事，关系安宁而为警察所管理也。自一千八百九十四年以来，特城警厅内，分设十处如左。

一、总务处。

二、政治警察处。

三、司法警察处。

四、风俗警察处。

五、交通警察处。

六、管理游戏处。

七、普通警察处。

八、管理遗失物处。

九、户口移动处。

十、街市巡逻处。

以上十处不过事务之分配，各处对于外部皆无命令之权。各

处于其所管事务,对于人民应发命令者,均须得警察长之承诺,以
警察长之名义出之。

警察罚金以一百五十马克为度,拘留以十四日为度。但于此
范围内,得加重减轻之。

警察职务。凡警察人员,应尽忠于国王,服从法律,保护法律,
服从命令,诚实不欺。以上数事,均为警察人员应尽之职务。

警察抚恤费。抚恤费之给予有三:(一)四十年在勤者,(二)年
逾六十五岁者,(三)在勤十年而得疾不能任事,或有疯疾,或因公
受伤者。

抚恤费数目表

在勤十年至十五年者	每年合薪水百分之三十
十五年至十六年者	百分之三十一
十六年至十七年者	百分之三十二
十七年至十八年者	百分之三十四
十八年至十九年者	百分之三十六
十九年至二十年者	百分之三十八
二十年至二十一年者	百分之四十
二十一年至二十二年者	百分之四十二
二十二年至二十三年者	百分之四十四
二十三年至二十四年者	百分之四十六
二十四年至二十五年者	百分之四十八

（续表）

二十五年至二十六年者	百分之五十一
二十六年至二十七年者	百分之五十四
二十七年至二十八年者	百分之五十七
二十八年至二十九年者	百分之六十
二十九年至三十年者	百分之六十三
三十年至三十一年者	百分之六十六
三十一年至三十二年者	百分之六十九
三十二年至三十三年者	百分之七十一
三十三年至三十四年者	百分之七十三
三十四年至三十五年者	百分之七十五
三十五年至三十六年者	百分之七十六
三十六年至三十七年者	百分之七十七
三十七年至三十八年者	百分之七十八
三十八年至三十九年者	百分之七十九
三十九年至四十年者	百分之八十

每年薪水过一万二千马克者，其抚恤费只给薪水之一半。

警察官职。警察长在宫中座，须与陆军少将同。各处处长与陆军上校同。厅员与陆军中校同。

警察服装。警察人员均着制服。另有皇族章记，在衣服内面，以备不着制服时之辨认。

警察经费。警察入款有三大宗：（一）罚金,（二）市厅协助经费(按人民之数约每人一马克半),（三）国库补助金。一千九百十年,特城警厅罚金共二十九万七千六百五十一马克,市厅协助七十五万七千七百八十六马克,国库补助二百零七万五千二百五十六马克。以上三宗,共三百一十三万零六百九十三马克。

政府监督。警厅内务部直接管理,每年经费之支给及人员调动,均由内务部应允施行。

政府(治)警察处办事情形

此处管理政治集会结社、同盟罢工及报章、印刷物等事。政治集会结社,于该会社成立以前,应将办法及宗旨呈报警厅。报章、印刷物均应送交警厅检查。若有毁诋宫廷及露泄国家秘密事件者,均即时禁止发行。

依德国宪法条文,人民均有集会结社之自由。但以集会结社而煽乱人心,冀起暴动者,则应受刑法之制裁,为警察所宜干涉者也。

当街演说及以游行告白招集人民者,均应呈报警厅,非经允许,不得擅行。

屋内集会,警察向不监视。惟事关重大者,警厅亦得派人监视。

集会演说时,与原报宗旨大相违悖者,警察得即时勒令闭会。

报章发行,人民本可自由。但其中若有违背法律之语,则警察得停止其发行,并处罚主笔者。外国报章若违反本国法律,经两次发见者,得禁止其输入。

报章贩卖人,均须呈报警厅,发给允准凭单。所有允许发行及禁止发行之报名,均详载单内。倘贩卖禁止发行之报,经警厅查出,得禁止其营业。

本处内附设一检查外宾处,外国人民来居本国,应由本处派人往各客店详细调查,是否与政治有关系者(如革命党等)。

司法警察处办事情形

特城警厅司法处,不仅办理特城地方司法警察事务,实为萨克森全国司法警察之一总机关(全国各处警厅司法案件,均报知特城警厅)。人民若有斗殴、盗贼诸事,可就近报知该管警察署。警察署每日分三次,报知司法处。若有紧急事件,警察署可即时以电话通知司法处。司法处即派员前往协办。若遇重大案件,犯人有即时远遁之虞者,应即以电话告知司法处。司法处即时通知各处警厅协缉。本处无论何日,均有人员办公。夜间有警官一人、巡警四五人值署。本处人员分昼夜二班。昼班第一班,由上午七时起至下午一时二刻止,第二班由下午一时二刻起至八时止。夜班亦分两班,计共由八时起至次晨七时止。昼班所管之事:(一)人民呈报及区署报告之登记,(二)电话往来之登记,(三)往各区协助侦缉,(四)通饬押当访查贼赃、缉获犯人赏格等文牍之事。夜班所管之事,与昼班同。但犯人照片及各种证凭,夜间尤宜加意保护。夜间出有重大案件,应即时前往办理,并报告于处长。本处虽值星期,亦有人员办公,不过较平日稍减。所办各事,亦同平日。星期日上午,本处处长及副处长均到署办公一二句钟。

引致犯人办法。引致犯人方法分为三种:(一)为传问,某人有犯罪之嫌疑,则传问之,并不拘束其身体,若无确据则释放之。(二)为拘解,施之于有犯罪形迹之可疑,而又有逃走之虞者,以巡警强制引致之。(三)为逮捕,施之于重罪人犯,有检察官逮捕状者,得拘束其身体,使之到案。

犯罪人有病伤者,引致之时,应会同卫生警察办理。如娼妓、醉酒者、疯病者、受伤者之引致,应先交医官诊治。俟其病伤愈后,再行审问。

妇人犯罪而有子女者,警察应将其子女交亲属等育养而引致之。若无亲属者,应筹其子女育养之处,然后引致之。

军人犯罪,警察得引致之,询明其隶于何营,知照该营长官派人解回。警察署应记录其姓名、事由等,但不得拘留之。

军营欲引致非军人之犯罪人,警察官署得引致而办理之,并不知照该营。

犯罪人携带之狗及身上携藏器具等,于该犯罪人到警察官署时,均搜出另存。其供罪犯用之凶器等,应照章没收。

其余物件,将来于其出狱或拘留满限时,应给还之。

解送犯罪人办法。一八七四年所定解送犯罪人办法,犯罪人既经拘获后,应询问其犯罪地之警察官署,是否须解送该犯罪人到案,始为解送。普鲁士所定办法,凡德意志国内所有犯人经普鲁士警察官署查获者,均为解送原地。即疯病者,亦为解送。萨克森则不然,仅限于萨克森国内之互相解送。至以外各邦之犯罪人,则仅解送于疆域犯罪人分解之所在处也。

解送犯罪人时,应每犯罪人各一文书,书明犯罪人姓名、号数、何月日拘获、送解某处等项。收受犯罪人之警察官署,应照原来文书一一验明收受。

外国人解回原国之事,由审判厅办理。

每次解送犯罪人,应先期知照铁路局,另备车辆,不使众人得见。

车辆于途中须停车多时，或须换车者，暂将该犯罪人交于当地巡警，拘留于当地警察官署内。犯罪人下车时，不得任其混入人丛中，并禁止其与他人接谈。

犯罪人在车中不得任其睡卧。

检察官与警察之关系。国家设立检察官，实为发奸摘伏之用。人民犯罪，虽无人告发，检察官应设法逮捕之，乃职务内之事也。检察官为国家之原告，有检察犯罪事实之权。故凡警察及地方官吏、公吏均有协助之义务。而警察官负此义务，尤为切要。照本邦警察法之规定，检察官对于警察得指挥命令之，警察应服从之。

但警察之行为有不正当时，人民不得控告之于检察官，以检察官非警察长官也。警察受检察官之命令，调查事实，或逮捕人犯，于已调查、已捕获之际，一面报知本管长官，一面报知检察官。

以上所述为警察受检察官之命令而行动者。但有现行犯之时，警察虽无检察官之命令，得径自拘捕之。其有应即时调查之事，警察虽无检察官之命，亦得自行调查。

案情复杂，人犯疑似者，警察官得自行讯问，或将犯人送往该检察厅，或请检察官到警察官署就讯。

检察官可将某案证人、姓名等，知照警察官署代为传唤。警察官署对于某案，以为应有某某证人，得知照检察官请其签字，即为传唤。

检察官于某案未开审以前，认为案情疑难，须先询明证人者，得命该案证人到检察厅询问情节。

遇有杀人案件或发见伤毙尸身时，警察应即报知该管检察官。遇有重大事故，如火药厂炸裂、大火、桥梁断折、火车脱轨等事，保无匪党所为，警察应将其事实报知检察官，并一面调查原因。若查有可疑情形,应随时报知检察官。遇以上等事变,所有伤毙尸身,应由检察官一一验明,方可葬埋。

秘密警察。司法警察、风俗警察、政治警察之警察人员均不着制服,使人不知为警察。警厅定有章程,使秘密警察人员,随时往各街巷及人众杂沓处所,如小菜场、市场、庙会等处,暗中稽查绺窃及其他不法之事。

秘密警察分为以下数类。

（一）专查车站绺窃及逃犯等。

（二）专查大客栈内有无拐骗者混迹其中。

（三）专查小啤酒店、小珈琲店(犯罪人往往逃匿是等处所)。

（四）专查秘密卖淫处所。

秘密警察人员衣服,时时更换,或着妇女、马夫、堂倌等之衣服,以防为人识破。

发见人命案件,而犯人在逃者,警察以电话报知警厅,由警厅通知各警察署,犯人有远逃之虞者,警厅用快电报通知各疆界警察署,及各车站拦缉。

犯人在逃而知其生长之处者,可电知该处警察署,就地调查一切。捕获他处犯人时,可电告该犯人犯罪地之警察署。以上二种电报,均用快电,由警厅捺印于原电纸上,交电报局即为拍发。电报达于萨克森国内者,俱不收费,到外国始给费。

认识犯人方法。特城警厅司法处内,特设一犯人记号局,无论何种罪犯,于捕获之时,先到该局将犯人身上各种记号,一一录出。其方法如左。

一、巴太连量身法。犯人耳、面部长径,头之半周(由前额眉骨中至后头骨中),两手下垂度数,脚长等,均一一注明。盖人自成年以后,五官百体,恒少变异。且世间从无二人之五官百体尺寸一一相同者。故犯人经一次量过之后再犯,恒难倖逃。面貌颜色及须发等,可以变更。此五官百体之尺寸,无术变易。用此法有一机器,使犯人近之,顷刻即一一量出。凡犯人年在二十一岁以下者不量,以身体各部多未长成也。偷窃银行之贼,时时换装之诈骗者,暗中勒索者,及不知真姓名或冒他人之姓名者,均以此法量之。

此法创始以来,风行各国。后因手印法发明之后,此法多不常用。惟现在各国于万国共捕之犯人始用之。

二、照像法。分为二种:(一)犯人正面及侧面,(二)犯人身体上特别记号均为照出,犯罪处所及犯人行为时遗留物件,均应拍照保存备查。

三、手印法。此法为戴克铁洛斯葛秘所创,现在通行各国。因较量身之法简便,且量身之法难免分厘之参错,此法则毫无舛误,且因人之手纹,自幼至老,决无变易。先使犯人将各指头醮墨,印在白纸之上。次使犯人将各指并好,再印一张。使专研此术者,视察指头螺纹分为各类,一一记出手印之法。萨克森全国各处警察官署均用之。惟特城警厅司法处,乃为萨克森全国司法警察之总机关,各处警察官署犯人手印,均送一分,存于特城警厅司法处。

四、犯罪人照片册。从前以至现在,所有犯罪人像片均保存之,分别男女,按以下各类分类度(庋)存。

(一)诈骗及勒索类。

(二)银行诈骗类。

(三)赁屋诈骗类。

(四)自行车诈骗类。

（五）换钱诈骗类。

（六）婚姻诈骗类。

（七）在客栈、商店、跑马场、邮政局等诈骗类。

（八）车辆诈骗类。

（九）放火及乘火劫财类。

（十）匿名信恐吓类。

（十一）以赝造物骗真物及售赝造物类。

（十二）各种窃贼类〔（一）窃古玩。（二）自动售物机器内之钱。（三）混入沐浴以窃物。（四）电车内窃物。（五）在车站窃物。（六）在钱铺窃钱。（七）乘房屋建筑时窃物。（八）以卖淫窃物。（九）乞丐窃物。（十）窃古画。（十一）窃衣服。（十二）在客栈窃物。（十三）在地版内窃物。（十四）窃幼童物。（十五）窃孩车。（十六）窃门牌。（十七）在市场内窃物。（十八）窃铜铁器。（十九）窃牛乳。（二十）窃钥匙。（二十一）窃学校学生衣物。（二十二）掏摸。（二十三）窃畜物。〕。

（十三）穿窬类。

（十四）伪造邮票及邮政汇票类。

（十五）伪造货币契纸类。

（十六）以假赌具骗钱类。

（十七）冒充警察、审判官、使署官及执事人以骗钱类。

（十八）强盗类。

（十九）谋财害命类。

（二十）强奸类。

（二十一）犯淫类（如人与畜类交合等）。

犯人照片保存法,创于韩英德博士,先按照右列各类,分别犯罪,于各类中再按犯人年岁次序,年岁中再按犯人姓名第一字母之次序,分列各册以保存之。每册后数页,将此册内所有犯人姓名、犯罪等,一一录出,以便检查。特城警厅与来浦蔡溪、兹维考、柏林、汉堡、须杜特呷特、菊利希、路几戎七处警厅,及外国警察总机关,遇有重要犯罪人,彼此互送照片。现在特城警厅共有犯罪人照片约一万一千张之多。

五、犯罪人别名册。司法警察闻某犯人有某别号,即报知司法处,分别编入册中,以备犯人不说出真姓名时之对证。

六、犯罪人特别记号录。犯罪人身体有何种瘢、痕、疣等,均一一录出,以备查考。

七、犯罪人自造文字录。犯罪人往往以拉丁语、俄语、法语等参互变换,另造成一种文字。司法警察均应知之。

八、犯罪人书信暗号及笔迹录。依现行法律,无论何种罪犯,到警厅时,应令其亲笔将自己履历书写一通。警厅将此履历收藏,以备将来查考。

除以上八种之外,欲侦缉某犯罪人时,可将其照片印出公布,使众人周知,并出赏格悬缉。

犯罪物品陈列所。陈列所有供犯罪使用物品,及使用方法,使司法警察得以考见一切。物品分类如左:

(一)伪造赌具。

(二)伪造货币及其器具,并伪造方法。

(三)掘墙器具及其使用方法,并掘破墙壁照片。

(四)开银行铁柜方法、器具、药水等。

(五)谋杀器具及毒药,解救方法及药品。

(六)放火药物及器具,救治方法。

（七）各种淫具另陈列一室，不能任人参观。

近来照像术之发达，有裨于司法警察者良多。所有本国及外国重要案件，犯罪场所及方法，均得照像陈列，以资参考。

风俗警察处办事情形

此处管理卖淫及淫书、淫画等之禁止售卖，并一切有关风俗之事，定有娼妓限制章程，引诱女人卖淫禁止章程等。事务得分三类如左：

一、诊验娼妓。防花柳病之传染，令娼妓每礼拜赴警厅经医生查验一次。专设医生二员，以司其事。娼妓若自知有病，即应赴警厅报明。倘匿报而依旧留客者，查出重罚。所有有病娼妓，均送入市厅花柳病院内诊治。其诊治之费，即以平日疾病保险费给之。平日每娼妓每礼拜须出疾病保险费三马克，交市厅存储。此疾病保险法，能使娼妓不因无资而讳病，效益甚多。

二、检查妓馆。特城妓馆均每妓人各一间，禁用法国波得而式聚集于一厅事者。每层之楼，只准有娼妓房屋一间，另设一接待游客室处，以取静谧。每妓馆只准有娼妓四人。风俗警察夜间巡行于多妓馆之街市，以稽查禁止娼妓在街头强诱行人之事，并得到妓馆内检查，见有淫具，则没收之。

乐户往往虐待妓女，警厅均从严管束之。乐户姓名、籍贯、履历等，均赴警厅一一报明注册，遇有虐待妓女之事，均从严惩办。

三、检查客寓酒馆。客寓酒馆往往雇用女仆兼秘密卖淫，或有引诱妇女到客寓一宿者，警察均应稽查，认为形迹可疑者，可询问之。

交通警察处办事情形

特城所有车辆，分为四种：（一）头等出赁马车。（二）二等出赁马车。（三）出赁汽车。（四）自备车。关于以上车辆，定有管理规则。（一）项车特城共有二百辆。（二）项车共有二百六十辆以上。两项之车，均归各车夫自有者。按照管理规则，赴警厅呈报允准，即可营业。（三）项出赁汽事，现共有六十辆。以后凡欲新加汽车一辆者，应命其买出货马车三辆拆毁之，始准营汽车之业。其意在减少马车也。

特城通衢大街均有电车，为市厅所办。其管理章程及大会、节日之疏通方法，均定有专章。粘贴告白处所及粘贴告白之先期呈报，均定有专章。

管理游戏处办事情形

关于游戏及消遣之集会，应先赴警厅呈报，允准始得开会。

跳舞会之管理，仍照一千八百九十二年所定章程施行。（另附）

电影、戏园经警厅允准后，始得开业。其新到影片有关风俗者，均须持赴警厅验明允准，始得照演。

所有戏园俱经警厅允准，始得开业。其戏本均呈警厅检查。其于政治上、宗教上、风俗上有妨害者，警厅得禁止演唱。

在会所及街市以音乐弹唱者，应经警厅允准，始得营业。其地址之限制等，另有专章。

普通警察处办事情形

在街市游行卖物者，应经警厅允准给凭，始得营业。

小押当及荒货铺，应经警厅允准，始得营业。警厅派人随时前往稽查。

客寓及酒馆经警厅允准，始得营业。另有专章（稽查之事归风俗警察处办理）禁止虐待畜类办法。照《德意志帝国刑法》第三百六十条,凡虐待畜类者,应处以罚。故司以铁石等无故击伤马及驾车各种畜类者,警察得拘禁处罚之。特城警察章程内载有凡无故鞭击畜类,已经受伤之处者,警察得拘禁处罚之,并将其畜类没收。其有以重物置于受伤畜类之身上者,办法亦同。

火车载运牛羊豕等,于运到之时,应安置木板,牵之下车。倘不为安置,而强加鞭笞,使之跃下者,亦照虐待畜类例办理。

管理遗失物处(章程另译)

户口移动处(章程及表册另译)

警察制服。警察制服均警厅供给,其附属品及皮带、皮包、手枪、警笛、救伤药、手镣等,均警厅预备。警厅备有警服经费,分给各人,制服仍由警厅代办,届时由各人自行购取。

警祭所用枪铳,均应由各人自行擦拭洁净。枪铳所以备不虞,能不用时,即可不用。现在特城警察均操练护身术,以冀少用枪铳。

警察教练办法。新用警察,使之随同现用警察巡行街市,习练各种方法,并学撰拟报告。每礼拜六句钟学习作文、算法,并由巡官告以警察法律及受伤者救护法,并身体各部名称,以备将来撰拟受伤者之报告。学习一年后,由警察长派人考试,录取者即充警察。

特城地面外国人之往来甚多,另教成通英语、法语警察数人,常派往火车站。其通某国语者,制服上另缝一某国旗章,以便识别。

冬季夜间聘有教习,专教体操及护身术,使警察分班学习。

街市巡逻。巡逻巡警分为昼夜二班,每二句钟,巡逻者归至警察署,二人在警察署内休息。二句钟再往巡逻。每人每日服务十二句钟。各署另设巡警一人,专管电话及收受人民报告。遇有紧要事故,即知照休息者前往办理。大区署内另设二三巡警,以备本区及各巡警疾病者之补充,并重要事件之协助。

警察专电。警厅内有专设电话,直接处所,约有百余。此百余之直接处所,为厅内十处各警察署,王宫,各部衙门,军营,市厅,消防署,监狱等。除直接处所外,与普通电话局有十二处相连接。管理专电设巡警四人。

警犬。特城有四警察署,均在郊野,地旷人稀,巡逻颇难周到。此四署中,每署豢警犬四匹,巡警带往各处巡逻。因犬善嗅,往往踪迹犯人,于司法警察上裨益良多。

非常事故。王宫火灾之时,警厅知照陆军营派兵保护。

管理危险物。德意志联邦所定危险物出入章程,警厅即照此办理。其售卖危险物店铺及家藏有危险物者,均应报知警厅,警厅随时派人往查其收藏处所是否阴凉,其储藏之器是否坚固,以豫防不虞。

拘留所。警厅内设有拘留所,为违警人犯拘留及其他人犯暂押之处。至违犯刑法,经审判官判决应监禁者,则监禁于监狱。

考察柏林警政纪略（法政小篇之七）

一、柏林警厅分处、分科职掌

柏林警厅内部分设十处。

第一处　分设十科。

第一科：专掌警察人员进退更调之事。

第二科：专掌厅内庶务事宜。

第三科：专掌市内自来水事宜。

第四科：专掌入籍、出籍、更名等，并救护病伤者（指人民救护而言）赏给奖牌之事。

第五科：专掌调查教堂、学堂之事。

第六科：专掌稽查银行、储蓄银行、保险公司之事，并制成统计报告。

第七科：专掌警察医务之事（如医院、医生、牙医生、药铺看护妇、产婆等之稽查及禁止售卖春药之事）。

第八科：专掌街市巡逻之事。

第九科：专掌消防之事。

第十科：专掌拘留所之事。

其警察电报局、警察专电局、非常报知机局及管理户口住在及移动总局，均附设于本科之内。

柏林市内共分一百二十一道，非常报知机与各区及附近乡村自治局均接连。有重要事故，由警察厅用报知机通知各区及附近乡村自治局，均得即时闻知。警察专电局与通常电话局均相连接。此外另设一种电话，以备火警之用。

管理户口之住在及移动，其主旨在了然于某街巷居有某某，并其宗教、家属、年岁、曾否犯罪、已否婚嫁、由何处移来等事，知之明晰，详注簿册，苟欲查寻某某，不难索阅而得也。管理此事，计用员司二百余人。

第二处　分设十一科。

第一科：专掌管理兽医及屠兽场，并售饮食物摊挑等，及管理人民畜犬，禁止虐待畜物之事。

第二科：专掌工人住宿处所，及贫民夜间栖息处之稽察，并意外受伤者保险之事（警厅即营此保险业）。

第三科：专掌管理售卖彩票之事。

第四科：专掌集会结社之事。

第五科：专掌预防传染病之事（饮食物不洁有致病之虞，及在街头供众用之自来水，均归本科查验）。

第六科：专掌爆裂物、易燃烧物之管理，及验枪打靶处所之限制，并携带手枪允许之事。

第七科：专掌狩猎、捕鱼之限制，及保护森林之事（若查见有害树木、禾稼之虫，应设法捕灭）。

第八科：专掌恤贫之事。

第九科：专掌房主租赁房屋定价呈报，并工人工资大约规定之事。

第十科：专掌主建房屋隟地之管理,并限制建筑时夜间工作之事。

第十一科：专掌复答询问有关卫生而不属于本处以上各科之事。

本处延用名誉医士若干员,以备咨询(无薪俸,亦无官守)。

第三处　专掌建筑警察之事(建筑房屋时,如某处作花园,某处作厕所,及高低四至等尺寸,并建筑材料等,均分绘注明,呈警厅查核批准后,始得建筑。建筑竣工后再报,警厅派员往查与原报相符否,并其油饰等有无易燃烧致火之虞,并时派巡警往各商店稽查消火器之设置当否)。

第四处　专掌司法警察及风俗警察之事。

如逮捕犯人,送致犯人拘留,检验尸身等事,均归本处办理。通缉犯罪人报帖,亦由本处发出,并访查诱卖妇女之事。

第五处　专掌人民入境出境,发给护照、查验护照及发给小卖商人品行凭单,并滞留旅客资遣回籍及犯罪人递解回籍等事。

第六处　专掌行政处分罚款及拘留期限事。

第七处　专掌管理报馆及政治警察,并各种告白限制之事(一千九百○八年四月十九号又新制定以上相关各种法律)。

第八处　专掌游戏处所(各戏园等)之稽查,有无伤害风俗及易致火灾之事,并戏本鉴定之事(戏票批发之处,亦归本处稽查有无假票诈票骗之事)。

第九处　分设七科如左:

第一科：专掌小卖商店之允许稽查,及其所用度量衡是否有违定制,并稽查有无逼迫佣工人礼拜日工作之事。

第二科：专掌稽查工厂及保护工人之事(如煤气工厂并设法

使煤毒不致有害工人,及工作时间之限制,女工及未成年者并孕妇等工作之限制等。凡一切有关保护工人之事,均归本科办理)。

第三科:专掌稽查小工作场之有无妨害卫生及遵定章与否之事。

第四科:专掌卖酒店之允许并发给凭照,及稽查其有无喧嚷,妨害宁静,并每日营业时间有无违章等事。

第五科:专掌游行卖物者之允许,及发给凭照,并稽查其有无违章游行之事(如交通繁盛之处,则禁止此等营业),及游行奏乐乞钱者掌理之事。

第六科:专掌管理游行工作人(如送信、送行李、擦玻璃、扫烟囱等)之事。

第七科:专掌游行告白(如以告白黏于木牌上,使人持以游行街市)之允许及限制之事。

第十处 分设二科如左:

第一科:专掌市街交通警察之事,分设三股如左:

第一股,专掌街上、地下、架高电车及各种车辆之管理,并稽查其数目,及有无将毁坏恐致危险之事。第二股,专掌街巷名称及临时禁止通行(如警跸及大丧出殡,并大众整列游行等),并商店檐前摆物或设座限制之事。第三股,专掌调查报告房屋改造、新造,应令退后(所以使街道宽阔),及铁路经过处限制通行,并街市各铜像保护之事。

第二科:专掌水上警察之事。

船只出入,行船章程,水下建筑等事,均归管理。

德国内地载货船只数目,船主姓名本科,均登有簿册,以备查考。

二、柏林警厅司法处办事情形

柏林警厅共分十处，第四处甚为重要。第四处所掌事务，即司法警察是已。其事务撮要言之，可分三类：（一）为保护安宁秩序之事（如酗酒、斗殴、车辆横行、拐骗等之禁止处制）。（二）为防止有伤风俗之事。（三）为逮捕各种重犯之事。

办理第一类事务，仅用警官十员。第二类事务甚繁，任用警官不能不稍多。此外并用熟于社会情形，司法稽查警官若干员，随时稽查。柏林市内警察分区署，共设有一百二十一所。此百二十一分区署之中，有十二分区署亦分掌风俗警察事宜，每分区署设司法警察员一人，司法巡警若干人。十二分区署之司法巡警，共设一百八十一人，多司街市稽查之事。至于每星期之诊验娼妓，则警厅内设有医士八人，女医士一人，专办此事。从前柏林警厅仅管柏林市内司法警察事宜，继为便利起见，所有与柏林接壤之市（与柏林接壤之市凡六，曰夏诺登堡，曰埧白克，[曰]费而麦斯道夫，曰雷克斯道夫，曰立希登白克，曰恶斯道夫），其司法警察事宜，柏林警厅亦得干施之。溯此事之成功，乃自一千八百九十九年及一千九百年两年之间，德民政大臣提议此项法律草案，经议院议决而实行之也。此与柏林接壤之六市，各自设有警厅，其通信缉捕机关亦甚完备。寻常司法警察事宜，即自行办理，惟遇有重罪案件之丛生，始与柏林警厅彼此商酌，而受指挥焉。至柏林市内之案件，柏林警厅既通电各警察署，复电知此六市之警厅，协力侦捕，彼此声气相通。司法警察事，所由日有起色也。

有关司法警察事务文牍（人民呈告，巡警报告，检察官通牒

等)之到本处也。先由文牍科登记,分为二种:(一)关系法律者,
(二)关系事实须查验者,分别交于各主任员。

本处事务之分配,别为甲乙丙丁四种。

(甲)专掌各区司法警祭事宜。本处内设有各区司法稽查警
官,每人专掌一总区之事。柏林市内计警察总区署十三,分区署一
百二十一,每总署辖分署十二三不等,则此司法稽查警官共设十三
员。每分区署设司法警察员、司法巡警各一,俱由司法处派往专办
该区案件,及犯罪事实查勘之事,具报告于本区司法稽查警官(在
司法处)。司法稽查警官接此项报告,即预备侦捕等事,通知各处
或外国协缉。司法稽查警官、司法稽查员、司法巡警,俱应熟悉各
本区社会情形,故均住居于本区之内。各区案件报告既如前所述,
但此项报告,详叙案情,乃便侦缉,不过限于重要案件之发生。至
寻常案件,则刊有报告表式,临时填写,尚觉迅速便利。

(乙)就犯罪事实分别侦缉办法。(一)盗贼伤人等;(二)诈
骗。关于第一类之事,用十四侦探员。关于第二类之事,用六侦探
员。科学日益进步,犯罪事实往往利用科学,以掩其形。故侦探之
事,亦必任用熟识科学门径之人,以发其伏。绺窃日多,本处内另
设有迅速侦探队以防之。此侦探队侦探办法,共分八类(均仿法国
巴黎类法):每类每时间派出二人,前往梭巡,其分类侦探办法如
下:(一)专查人众杂沓之处。(二)专查伶人(即男娼)诱人摸窃
之事。(三)专查僻静处所拨门入窃之事。(四)专查车站绺窃之
事。(五)专查酒店、珈琲馆中以赌博骗钱之事。(六)专查诱拐
妇女之事。(七)专查押当店铺收客贼赃之事。(八)专查书摊纸
店等售卖淫画之事。以上各类侦探之事,大都皆在市内繁盛之处。
至空旷人稀之所,则另派侦探诱一警犬,前往侦察。此项侦探共用

十七人。除以上各类之外，其戏园散戏时，及跑马场赛马完毕时，易有绺窃混杂其中，则另派侦探前往侦察。综以上各项侦探之法，总设一侦探局(迅速侦探亦在其内)以办理之。侦探事务，与犯人认识之法关系颇切，故侦探局与犯人认识所两处，设一局长以管理之。

(丙)专掌银行亏倒，货币伪造变造，假冒商标，翻印书物，伪造彩票等，有关于法律解释之事，共用人员九人。

(丁)专掌拘留期限、罚金数目之律，共用人员六人。

办以上各类事务，不能不有辅助机关。故司法处内另设七所，一曰犯人认识所。认识犯人之法，约分二种，一曰巴太连法世法，为法国刑事学家巴太连所创，以软皮尺量人身五官百体之尺寸，详为注明。一曰手法印，以犯人之手醮墨水印于纸上，其手掌形状及螺纹等毕露，数其纹数及形状等，详为注明。盖人之百体尺寸及手指螺纹，千万人互异，无一同者。且手纹自幼至老，永不更变。既经一次犯罪，则再犯恒难幸逃。综计德国全国各处警厅所，有犯人身体尺寸及手印图，均集存柏林警厅，约各有十万张之多。附属于此二法者，尚有照像器，专为犯人照像之用。二曰犯人像片所。此所设于一千八百七十六年，专收藏犯人像片，分男女二类。现在所有照片已达四万五千之多。三曰犯人绰号及特别记号登记收藏所。照像往往失真，惟身体中之特别记号则不能假借。此所设立，所以补照像之不足。以上两所像片册、绰号册、特别记号册，均按犯人姓名第一字母依次归类，以便检查。四曰犯罪物品陈列所。犯人所用肤箧钻穴各种器具及其方法，均陈列于此，并研究所得将来预防方法。五曰犯人笔迹收藏所。各人笔迹不能尽同，按粗细工草等形分类收藏，以便检查。六曰罪案宗卷收藏所。举凡案情、

逮捕手续、犯人履历等,无不详备。司清理抄写者二十余人。庋置
此项卷宗,共用房屋二十间,按犯人姓名第一字母分类收藏。犯罪
已逾五十年者,则将其卷宗检出另存。七曰犯人日报所。某处犯
人在逃,则该处警厅将其姓名、形状、案情等,电告柏林警厅司法
处。由本所汇登日报,通达全国警厅及警察署协缉。

附柏林司法警察人员薪俸数目(年计)

官 职	薪 俸	房 金	持给公费 (如旅行费、 调查费等)
高等警官	三千至六千马克为止,每三年加五百马克	一三〇〇马克	三二五马克
警官	二千四百至四千八百马克为止,每三年加四百马克,加至三千六百之时,则每三年加三百	八〇〇马克	
司法稽查警官	四千二百至五千四百马克为止,每三年加四百马克	一三〇〇马克	三二五马克
侦探员	三千至四千五百马克为止,每三年加四百马克,末年加三百马克	八〇〇马克	三〇〇马克,另补给不足费一八马克
区署司法警察员	一千六百五十至二千三百马克为止,每三年加一百五十,加至二千一百时,每年加一百马克	四八〇马克	四五〇马克,另补费九十五马克
司法巡警	一千四百至二千一百马克为止,每三年加一百二十,至后每年加一百马克	四八〇马克	四五〇马克,另补费六十五马克

任阙斋东游漫录

序

　　仲和既得谤,屏迹海滨,追思平生所经历,分类纂述,成书若干种,于十余年来政治之迁贸、法制之变革、外交之本末,记载宏富,卓然为有裨掌故之作。此《东游漫录》一卷,乃专述其自民国五年至八年奉使日本时之琐闻轶事。虽无关闳旨,而其平日治事之勤,律己之严,与人接物必以礼法,往往流露楮墨,令读者穆然想见其风裁,固不第足以广闻见、资谈助而已也。仲和所学以法律为专门,其居官事业,以整饬狱讼、培植理官人才、确定司法独立基础,为尤彪炳可传。外交非其所素习,然观其奉使之际,一言一动,皆有典则,刚柔得中,和而不流,虽古之肤使,何以加兹。嗟乎!以仲和之品之节,皭然与冰玉争莹,而不见谅于当世,踏天蹐地,无所于容,士无祝鲍之佞,而冀幸于苟免者,固亦难矣。民国十八年(1929)十月吴汪荣宝序。

自 序

　　自八年(1919)夏离政界,卜居津卫,读书余暇,于时局之变迁,及历年从政关涉之事,思有所记述,搜集资料,略得端倪,而友人以经营实业事相召,遂至沪滨与商界周旋,耳闻目见,惟算盘一事。嗣又执务银行,日日言利,思想随俗而化,几不自知,忽近十年,性灵中若有所感,方谢事求复故我,又因故不能不作去国之计。一年以来,隐名独处,门无客来,乃得理其旧业,以自叙传之体例,追述往事。其内容有特性者,则使成专篇。东使时代,外交可纪各节,别为《东京之三年》一卷,《漫录》所载,为在外日常所闻见及友人交际逸事,盖日记之片段,非有组织之游记也。曩日有所作,辄就正于衮甫老友,脱稿请益,幸不我弃。其中宜增损者,皆从其指示,加以修正。老友为序卷首,辞多过誉,反躬自省,惧戾不暇,宁求人知,或他日世人见谅。论事求真是非,毋徒以浮说重我之谤,则大幸尔。己巳(1929)十月吴兴章仲和自识。

一、最初旅程记

民国五年六月三十日奉使日之命,翌月十七日自北京起程。时袁项城殁未久,京中人心惶惶,迁津者甚众。陆闰生使日时,其楼凤楼之住宅,余兄弟借居之。是时伯初已奉堂上赴津,因将粗重器具,分寄亲友各处。书籍多种,搜集时颇费心血,虑其散失,悉寄存大理院书库。十余年旧巢,半月中一律清理,携东行李无多,颇觉身轻无累。京友设饯,日辄数次,以天气炎热,都辞谢之。法界同人,格外关系,特于法学会茶聚,摄影志别。司法事业,经营数年,仅小有基础,中途改业,与同人不无恋恋也。

启行之日,循例挂一专车,警厅备乐队送别。无论何国,尊视官吏,无逾中国矣。友人至津者,咸来车站话别,颇不寂寞。至新车站,廉砺卿偕法界同人来迓。日领松平恒雄夫妇亦至。是晚在敷岛酒楼晚餐。略周旋后,即送眷至伯初宅。傍晚赴松平约,先就浴,主客各以浴衣就食。西礼晚餐须易礼服,日本料理乃适相反,虽文简不能并论,然盛夏得此脱略,受福不浅。松平为旧时一高同学,人温厚诚恳,在中国颇有声誉。时余患猩红热未久,步行尚无力。散后,即登天潮丸。船小舱热,几等火坑,万不能寝。夫妇二人,复上岸至利顺德饭店一宿。清晨登舟,即解揽。一行为余夫妇,及德馨、德声、德和三女。德和服水手衣,人咸以男孩视之。德卫自幼由伯初抚养,未随行。朱茂溪从余任秘书长数年,因调充随员,亦同行。外此男仆傅荣、于贵,女仆陆妪,都为上下九人。傅荣为陆闰生旧仆,曾在使署任役三年,略谙日语。一路以此仆为最熟悉情形矣。

舟行风平浪静，彦安及各儿仍晕不能起。天潮丸无休息室，仅饭厅一小间兼公用，而乘客用膳尚须分两班。船主招待则甚周至。翌晨，船员及乘客各出纸索书，因作书半日。午刻至大连。舟未傍岸，南满公司派人来接，眷属尚偃卧未起身也。上岸，由公司预备双马车，沿路有警保护，宿大和旅馆，用特别室，饭厅亦用专室。公司特派专员招（原文如此）料。是晚旅馆有音乐会，南满总裁中村雄次郎亦到。中村及他客，大半依西式服夜礼服，余以旅行中未易衣。次日答访中村，出门即有警卫。是晚中村饮于郊外星浦酒楼，时有小雾，坐对海面，颇觉广漠。旋雾散，小岛陆续出现，诚奇观也。滞大连两日，换乘台中丸赴神户。计舟行两日，船中舱位舒适，不似天潮丸之局促矣。船主于甲板上备一藤椅，以木牌标明"中华民国公使阁下"字样，备余专用，惟不及夫人。在舟进口时悬中国之旗，表敬意也。舟行一日后，途中与自天津起碇之湖南丸相遇。时日使日置益适乘此船，以无线电来询起居，亦以无线电答之。湖南丸马力速，越余船而过，先抵神户数小时。

舟抵神户，嵇涤笙为驻神领事，偕馆员及华侨多人来迓，即至东亚旅馆。新闻记者包围发问、摄影，颇不得自由。自大连、门司以来，迭与三面记者杂谈。后东京《大和新闻》载《章公使骂日本》一篇，即得于此辈之零杂报告。惟《朝日新闻》记者某君与余识于北京，特自门司同舟至神户，于舟中暇时约谈，并声明对于两国关系，尽请直言其意见，若于地位上不能发表者，必以友谊删节之。寻复以所谈原稿相示，经余详细校订，始行登载。似此审慎，自无误传之虑。若于匆遽中杂言乱询，应接不暇，亦安有真正意见容其传达耶。领事御昼礼服，胸悬勋章，一见颇以为奇。及是晚华侨在会馆公宴，服饰悉与领事同，询其故，乃知华侨喜以所得勋章自炫，而以夜礼服为不便,故创此昼礼服悬宝星之例。领事徇众,遂亦从之耳。

时日置亦至神户,期于翌日午后五时快车赴东京。余则定翌晚十一时行。住友公司干部铃木、小仓诸人,约是晚在日本料理楼为日置及余接风,以日置五时起程,三时馀即开席。席间布置极为周到,室之四周各置花冰,料理精美,召集著名之艺妓侑酒。惜日置以时至中途即行,余等于七时馀散。晚餐之早,洵创例矣。十一时登车,领署通知车站,特于普通车中为余备一寝室。时车中乘客极拥挤,诸小儿寝台未经预定,磋商久之,始各得寝所。余夫妇归室,见寝台较寻常稍宽,惟仅设一铺,当然让诸夫人,上层则低而无寝具,乃商借被毯,始得勉强就寝,尚不如寻常寝台之适也。日本车中之特别寝室,大都专备一人之用,若夫妇同行,甚不合用。舟中之特备一椅,盖同一用意。然施诸男女平等之外交官,及凡事先让妇人之欧风人士,则以此敬待特客者,特客自身反因此受亏矣。其后陆子欣过东,亦坐此寝室,自身言病,而寝台仍为夫人所占,不得已终日兀坐椅旁。日本古来风气,重男轻女,近来女权亦渐扩张。此等制度,他日或可渐改。车过西京,董绶金所荐女仆藤井绿子于此上车。绿子精于小楷,人尚安静,因令伴诸儿。惟至东京车站,即以家庭教师自称,并不乐执他役,终日伏案作书。两三月后即自行辞去。

车于翌日午刻抵东京总车站。从前在新桥,今移此,规模宏大。国都正门之气象,与前大不同矣。刘子楷偕馆员来迓。日友有至者,惟外务省无正式接待,以国书未递,尚未认为国宾也。中国于各国公使至国境,即由国家招待,专车乐队,成为通例,实则外交礼节,各国均无此逾分之待遇。下田歌子女史亲自至站接彦安,相抱甚欢,师弟之情,与寻常酬应不同。在站与各人周旋后,即至使署。

二、新任第一日

使署地址在东京麹町区永田町,与锅岛侯爵住宅为比邻。日本内阁总理之馆舍,相隔近一街口。幕府时代为某诸侯旧居,闻初时法国使署颇希望此地,旋为中国所得。建筑为西式,落成于李伯行任内。署有额,详记其原委。院落甚广,官员住宅咸附设其中。使署式样虽旧,有大跳舞厅,东京使署有此者,惟中国及俄、奥两馆而已。至署约午后一时,刘子楷即将使事交代。在客厅与馆员闲谈,忽忽已三时,方忆及在车中未用午膳,乃命馆中厨役备饭。厨役于仓促间,以白汤鸡丝面进,枵腹之余,亦甘食之。惟盛暑热食,增汗数倍。既登楼,楼上为私室,一切器具尚齐备。所不足者,寝台为铺板,未免忆及书生时代之生活耳。中国官署,公用物向来无人管理。新任初至,用品率待新置。日使署近年历任甚讲公德,卸任后,关于公用物都令保存,即私置陈设品亦有留存者,与旧时外省各署之空洞破坏者,不可同日而语矣。余在任三年,颇多预置,及行时特备册移交。惜其后遇大地震,使署被灾,咸付一炬也。是晚馆员全体在跳舞厅设宴欢迎。横滨领事为王稚虹,亦偕馆员加入。家族同席,甚欢洽。九时余散坐纳凉。李文权来访,以夜间例不会客辞之。众谓时刻尚早,答以向来习惯,十时必就寝,夜间雅不欲治事或见客。余公私生活,喜有定时,愿今后与诸君共守之。向来使署办公,无一定时刻。余就任后,除星期日外,每日晨九时至公事房,午后五时退归私室,经年未稍改。馆员亦于定时内办公。散值后各治私事,咸以为便云。

三、箱根十日游

盛夏赴任时,欧美各使,咸离东京外游。日本知名之士,亦大都赴别庄避暑。递国书事竣,访问非其时,馆中无事,乃携眷作箱根游。近年在北京,夏期每遇星期六,辄往西山,与曹润田、卫心微诸友,赁屋同居,灵光寺及四望顶,均为旧游地。星期一则归治事。中国官署,例无暑假也。是夏已在西山布置草庐,以行程匆促,不克晏息。至东京更感炎热,亟思得清凉之地,稍事休养。箱根距东京不远,山上有温泉。火车至小田原,易电车或自动车,半时即达塔之泽。是处著名之日本式旅舍,为环翠楼与福住。再上为宫之下,富士屋在焉,旅客大都宿此。更上为芦之汤,温泉有硫磺质,治皮肤病甚效。其上即箱根山顶。夹道有松林,为古时诸侯所植。山顶有芦之湖,富士山影印于湖底,可称奇景。富士屋在此设分馆,备旅客暂憩之用,爱湖者亦可常宿,泛舟游泳,别有风趣。昔时游学,假期辄来箱根游息,时宿环翠楼。楼主人之子,亦肄业大学,以同学故,中国学生住宿者,甚得优待,款以华大之室,而不以茶代多寡为意。日本士绅宿此室者,例须茶代百金。中国学生则仅给数金,待遇不稍亚,盖其意不在利矣。日本旅馆之茶代,不易知其标准,日本本国人亦以是为苦。近年有废止之议,尚未普及也。余在使任内,出游悉寓西式客寓,固由西式生活简适合意,实则茶代问题亦为一因。此次游箱根,先期电富士屋定室,覆电外宾麕集,仅小室二,俟翌月方有正屋。余不能待,不得已即寓小室。室在正屋左偏,大都备小儿等住宿。赴缮厅或客厅时必经外院,遇雨,乃穿厨次而过。虽稍不便,亦安之。富士屋纯粹西式,游客以欧美人为多,规则甚严,浴衣跣足,不得出寝室外。日人之以东洋风自傲者,辄不愿来居。七年夏,汤济武与林宗孟游箱根。汤与余寓富士屋,林喜日本风,寓对门奈良屋。夜膳后,浴衣跣足来访,客寓侍者,坚不纳,谓衣履不整,无以对女客。林乃归易洋装,始得入内。日本客之受拒绝者,盖数数矣。客寓中游泳场、球场咸备。主人夫妇,常至欧美客寓考察实习,归而应用之,事事亲自督率,不稍暇,故成绩颇著。客寓之外,复经营自动车,车稳而捷,不愧为登山利器。车手颇受教育,登山时偶越过人力车及重载车,或道窄移动置物,辄举手向车夫或乡人为礼,未闻争路而喧扰者。主人之兄,在日先经营金谷客寓,亦布置井然,棠棣相印,亦韵事也。此行同往者,为彦安与三女,并携女仆二人。其后三年中,游箱根者凡五六次,皆寓富士屋,得相当之室,不似此行之拥挤矣。

四、觐见仪节

五年八月二日午前十时,觐见日皇,递国书。先一日外务大臣石井菊次郎夫妇约余夫妇午餐,并接洽觐见各事宜。是日宫内省派式部官奥平昌国以公式双马车来署,余先刻服大礼服以候。各新闻社闻信,纷派人至门前摄影。中国外交官大礼服,绣金色嘉禾,冠白毛帽,加以金带长剑,至为华丽。赴任时,虑新制未能赶成,假得一旧者携东。及到后命三越定制,数日即完工。三越承揽此等礼装,久成熟手矣。惟盛夏服此,厚重颇不能耐。中国服制,夏期本有白色常礼服,商之宫内省,以日本定例,须服黑色大礼服,乃勉从之。幸是晨天阴尚非酷热,然卸单薄之夏衣,骤加此厚重之呢服，身体之受束缚，难以尽言。日方礼服亦相等。无论何国，官场咸重仪式，此节推美国为最简单也。及时式部官引公使同乘公车，公使夫人及翻译官则乘使署自备之车。是日翻译官为郭东泉。日本接待使节，大使有仪仗队为前驱，公使则无之。若中国则接待公使，亦若大使，初未加以区别。以外交仪节言之，中国所定，与各国未尽符合者至多，盖当局者迄未尽心考察耳。车进二重桥，达宫门。宫为欧式，内部有和风装饰。下车后，在接待室小憩。外务大臣及式部长等咸礼服以待。日皇御殿，公使随式部官进谒。进殿门，正立稍鞠躬；及殿中，更稍鞠躬；离御前三尺，乃正式鞠躬。日皇中立，微动体相答。中国所定礼节，对长上连续三鞠躬，甚不合理。各国通行之礼节，从无连续三鞠躬者，即敬神时，在神前亦一鞠躬而止。其进门及中间之鞠躬，寓致敬意，非相对之礼也。是时公使向上中立，翻译官左侧立。日皇右侧为式部长，下为翻译官，与吾国翻译官适并立。外交通例，公式用法语。日本于觐见时，用法语或英语或本国语，悉听公使自择。公使言后，由己方翻译官，译致彼方翻译官，翻译官转陈式部长，然后由式部长直奏。日皇答词，亦先由式部长告翻译官展转传述。公使即谙日语，亦不能应用也。余以中国语诵国书，俟照上例传述毕，然后将国书呈递。日皇接受后以卷纸诵答词，其传述亦经三次。余通日语，咫尺之间，可以直达之语，乃经如许之手续，一语辄闻三遍，颇生异感。国书递受毕，日皇乃赐握手，加慰劳语。余答谢，鞠躬退出如前仪。旋至接待室，晤皇后宫大夫，谒见皇后。公使与夫人同进，至时仍由式部官引导至别殿，其仪式与觐见日皇同。鞠躬毕，皇后分别慰问公使夫妇数语，循例答谢，退出如仪，仍与式部官乘公车回署，以香宾酒款之，礼乃成。公使觐见，尚有与大使不同者。大使觐见毕，于宫中赐餐,公使则无之。各皇族处,循例先往投刺,另定期谒晤。是时式部长为户田氏共,皇后宫大夫为大森锺一,翻译官为吉田要作。吉田于仪式各节,最为熟悉,以式部官兼任外务省翻译官,各国使署,咸倚任之。

五、五人组之招待

至东后,日友人之酬应,以五人组一局为开始。五人者,江口定条、犬塚信太郎、饭田延太郎、大内畅三及桑田丰藏是也。五人相约迭为主人,因名五人组。江口为三菱要人,从事实业,而以教养青年为己任。犬塚与饭田,在东三省经营矿业。大内与犬养毅为一派,任议员,后充东方文化事业总干事,常川驻中国。桑田为三菱代表,久住北京,与余识最早,惜数年后即以病去世。五人组之宴,首由江口设于山口屋,同席者有三菱之三谷一二、大石广吉、三宅川百太郎诸人。嗣于三河屋为牛肉锅会。学生时代,时以牛肉锅补寄宿舍之俭食。彼时每锅值仅三角,今则价增数倍,而材料减少,每客须三四锅始果腹,奢俭大不同矣。饭田则于吉祥寺别庄招待一次,家族亦同往。其后酬应日多,五人组之会亦遂作罢。

六、大坂之游

赴任时过神户,住友公司以制造各厂悉在大坂,约往参观,以匆促赴东京,与日置约秋冬再往。五年十一月十二日与日置及郭东泉偕行赴大坂,寓大坂旅馆,一切由住友招待。招待员为太田,通华语。翌日,参观住友之伸铜厂、电线厂、铸钢厂及东洋纺织厂终日。伸铜厂者,以粗圆之铜干,用极强力之机器,压成细铜,极短之铜干。其结果乃成数百倍长之铜丝,故以伸铜名。电线厂用女工为多,普通所用电线,由铜丝包以橡皮及麻线丝线,所费手续甚繁。铸钢厂观铁汁流出时,各带黑色眼镜,然归后眼受强烈之光热,觉不舒者久之。纺织厂日本最发达,近推设于中国。津沪纱厂,以日本人经营者为多,即所谓中国人自设者,几无不仰给于日本。日用最要之品,中国不能自给,前途至可虑也。是晚因参观各厂,颇惫,早息。

十四日游奈良,住友备一电车直达,途中不少停,行甚速。住友忠辉为主人哲嗣,特来陪游。饭于奈良旅馆。奈良旅馆由铁道省经营,布置为西式,惟所用材料悉用国货,电灯桌椅,均参以东方意匠,颇觉幽雅。午后游公园,随处皆鹿,不避人,与以食即食,日人以神鹿名之。余爱鹿角,住友特以一架见赠。归后,松方侯爵之子创办松田制造厂,力请前往参观,因驰往。厂为新设,所制军械,大都为俄国之定货。厂房尚未成,而出货已如山积。其奋往之精神可佩。是晚大坂官民在旅馆开欢迎会,到者百余人。主人由住友子爵为代表,宾主各有演说,互言亲善例词而已。九时散,日置以时尚早,约游道顿掘市街。是处街道甚狭,两面店铺如鲗,为最古商市。以人力车往,例不得乘车入内。因天雨,客少,遂未下车。及出街口,为警所阻,将科车夫以违警。车夫以自大坂旅馆来答之,竟得释。日置幼时,曾在大坂中学校肄业,嗜冷制鱼卷饭。此饭大坂为名产,购一圆携归。余以临寝不能食辞。及翌晨询之,则已于夜间食罄。胃之强弱不同有如此者。

十五日参观造币厂,厂注重铸金币,银辅币不多铸。辅币式样近年逐渐改小,半圆几与中国之两角相等。盖以代表计数,不以分量论价值矣。午后参观旭玻璃制造厂,厂为三菱所经营,寻常秘不开放,以余等非专门家,特许纵览。其后胡次珊欲在北京接办玻璃厂,请使署介绍参观该厂,竟不见允。余等于制法及材料,粗观一过,亦不得其奥窍,仅知该厂于机器之外,仍用专门之人工,将烧软之玻璃圆质,逐渐吹大。据闻此类人工,终身专司此事。厂中娴于此技者,不过数人,近年更减少云。

是晚华侨在中华会馆开欢迎会,并请日人曾游会会员作陪。曾游会者,日人之游中国者,归后组织此会,时与华侨聚合言旧。散后,兴未尽者,多数复日本酒楼再饮,余先归。

十六日住友约午宴于京都中村楼。楼为著名料理店,陈设精美,料理尤适口。午后,稻畑胜次郎在南禅寺本宅开园游会,约住与会。是日客到者数百人,园林优胜,到处设饮食店,及各种余兴。京阪艺妓,咸招集供役。美人游客,时相率摄影。其后主人汇集成册见赠。嗣在园中山上聚餐。主人演说,余亦祝主人万岁。傍晚散,日置于是晚先归东京,余于翌晨赴福冈。

七、福冈祭蔡

蔡松坡与范静生、周伯勋、李宾四四人为梁任公之高弟,留学时代即相识。四人中惟蔡为士官毕业。洪宪时代,袁颇忌蔡。蔡于民二来北京。袁一见谓人曰:"中国军事人材,惟蔡一人。"即令在军事处办事。军事处为是时军事最高机关,袁自领,办事员不过三四人。蔡在处地位虽高,但无实权,袁盖重其材而羁縻之。及帝制问题起,袁使人防蔡。蔡微服出京赴滇,举旗反对,帝制遂取消。蔡在军中得喉疾,事平至沪,不能出声,乃至日本福冈就医。既诊知病为喉头结核,不能治,五年夏遂卒于福冈病院。蒋百里伴蔡至日,一切后事,悉由其经理。蔡卒,黎总统发令追悼,电令驻使祭奠,并照料灵枢回国。余即驰赴福冈,与郭东泉偕行,嵇涤笙先一日往,与蒋接洽,余等宿福冈荣屋。时荣屋接待大演习元帅甫毕,寓中日本室亦半备西式,因是起居颇便。蔡枢停崇福寺,余代总统前往祭奠,蒋接待以礼。旋复至医院访医士,详询病情。蔡之主治医,为久保田博士,精于治喉,为言蔡肺疾已深,故不能救。博士并见示误吞食物不论金质石质,均可一律取出之器械。医术之发达,真堪惊异。蔡枢由招商局派新铭至长崎接运,因与铁道局商借专车运至长崎。布置毕,报告中央,即归东京。

福冈出产,以织物及磁像为最著。余购腰带一幅,欢喜佛一尊。佛有笑容,人皆爱之。腰带改制屏风两事,颇文雅,饰署中。日人来者,咸询是品产中国何处。余以博多织答之,皆叹为未见云。

八、大森明曙楼

大森在东京郊外,背山面海,凡不乐东京繁杂者,辄寄居是地。有事至都城,交通甚便。五年九月,蒋百里、周伯勋来访,偕刘子楷宴之于大森明曙楼。清谈忘世,不拘形迹,俨若旧时同学聚会之景象。散后,以车送周至其宅,周即寓大森。其后冬日复约周饮于是楼,客简屋寒,甚为萧瑟。周离故国,隐于东瀛,以买卖股票为业,亦不甚得利。著有《仿父诗草》,词甚旷达。同学四友都入政界,若蔡松坡秉军政,范静生长教育,李宾四亦为盐运使,独周不欲以官自见,以些小之资本,与市侩为伍。起居简陋,不以为意,其所见殆有过人之处也。数年后李在津去世,范亦于前年殁,周之踪迹无所闻,其健在耶?

九、宫中宴 观樱观菊会 猎鸭会

每年一月五日,有新年宴会。二月十一日纪元节,及天长节均有祝宴,在宫中丰明殿举行,外使均与宴。凡宫中宴都为午膳,膳为日本料理,计膳品十三色,有一品饰以小竹枝,侧立两仙鹤,颇为美观。鲷鱼为膳中要品,以红绿丝线缚其头尾,若元宝式。宫中宴每次数千人,所用鲷鱼,大小须一律。据闻先期豫备,日本海所得不足,有多数系取之于朝鲜海,专船专车载运,不惜其费。米饭中有豆及菜杂煮其中,甚甘美。酒杯为白磁,中有金色菊花纹,例准携归。外使中并有携取碗盖以为纪念者,亦所不禁。惟服大礼服,殊不便多带。碗为白色蓝花,磁质颇细。箸为白圆木。饭前用日本酒,由金边制服之侍者来斟。膳品至丰,所余颇多。日本大员,大都以白包袱包之,亲自携归,与家族共食。外交团特受优待,以名片置膳盘中。归署后,由宫内省派人将全膳送至。余留仙鹤及酒杯,馀以分赠署中雇用之日员。日员各携归饷其家族,以为荣幸。开宴时,日皇席居中略高,与宴者席东西相对,中有甬道。最前列为皇族,次为元老、元帅、阁员,次为外使。日皇于酒齐后,起立读祝辞,内有颂列国元首健康之语。内阁总理大臣先答谢,次由领事大使代表致答辞,以法文宣读。余在任中,初为英使,嗣英使归国,俄使库朋斯齐为领袖。其时俄已革命,惟国际间尚未正式承认,因是驻使仍其旧。本国国体业已变更,而旧使仍为领袖代表,可为异例。先数日领袖将答词拟就,送请各使同意。各使签字其上,乃定稿。虽属例辞,以代表各国元首,特示郑重。凡有大使驻在之国,领袖惟大使为之,公使虽资深不能首列。吾国驻各大国之使,无论如何资深,不能得领袖之机会。以各大国均有大使,吾国止派公使也。

新年元旦,宫中有受贺典礼。是日午后三时,外使及馆员偕夫人进宫庆贺,其仪式颇为隆重。日皇及皇后在正殿中立,亲王王妃以次并立,每人相离约丈馀。有台约高二尺,皇后御长裙,以银鼠制之,王妃长裙称是,均拖列台际。外交团各夫人,是日亦各御长裙,长约二丈馀,行时有宫女二人在后分提裙边,及殿门外,乃释手,长拖入内。各国各以其本国贵重丝织品制就,所费闻有达二三千金者。行礼时,各使率馆员以次分入,每入殿时,侍者高唱某国国名,鞠躬仪节与觐见时同。散后,外交团咸至领袖使署茶会。各夫人在长廊内各拖裙行走一次,以自赛其裙。裙修长而华美,每次拍手赞美,受者颇以为荣,诚外交团新年之馀兴也。吾国女礼服无此制,是日参与其间,无先期预备之繁。惟服饰不能从同,在当时不免稍寂寞耳。

新年及纪元节,于开宴前别无谒见礼,至时各先就膳位。日皇入座时,咸起立致敬,散时亦然。膳中作古乐,其音幽雅,谈话不禁,惟无高声者。日本料理无更换食器之烦,除一二品外,咸先时安置膳盘,故用膳时间颇速。自入座至散席,不过三十分钟而已。

天长节礼节最为烦重。清晨在练兵场阅操,陆军省招待陪观,惟到否可自由。十二时宫中宴,六时外务省公宴,均穿大礼服,进食时举动甚为不便。九时外务省开夜会,此时偕夫人同往,又须易夜礼服。是日外交团追随其间,盖终日在仪式中也。

每年春季有观樱会,秋季有观菊会,在赤坂离宫或新宿御苑举行。是日与会者人数甚众,使署参随咸受招待,凡游历官商,亦得由使署介绍与会,并谒见日皇。服饰为昼礼服,即前后长短一律之衣。欧美风气,通行前短后长之晨礼服。若昼礼服本为英国式,美国惟送丧用之。日本定制须昼礼服,美国游历绅商,有以晨礼服往者,竟为门者拒绝。外交团颇引为不便,近时亦渐许通融矣。至女子与会者,以洋装为原则。外国人各衣其本国通行之衣,初不拘定式。若日本妇人,非洋装即须服古装礼服。因是园游会中,日本女客甚稀。据闻明治帝主持维新,终身不御和服,宫中一律洋装,因是和服不得进宫,可证当时崇尚欧风以身作则之义。近年日本已与强国为伍,国粹之说渐起。遇园游会,妇人亦得以和服入,惟朝会正式典礼,仍以洋装为限也。离宫及御苑,庭园甚广,可容数千人。日皇至时,外使参随及带见之官商,分国以次立候。日皇行过,一一赐以握手,或略询一二语即礼毕。园中设食堂,外使及夫人各有坐位,其余各得熟识之人聚食,任意自取食物,与普通园游会同。惟天雨顺延一日,或作罢,故与会亦凭天运也。

　　猎鸭会为皇室与外交团游乐之一端,每年春季或秋季,在埼玉县御苑举行。是日派亲王一人为主席,各衣便衣,外使及参随均偕家族往。鸭即野鸭。猎鸭之法,于苑中设水池若干处,池狭长若水槽,池外四周,围以树木。设门,长闭。门中开一小眼,备猎者窥鸭来否。鸭集池中时,各人持网往猎。每班十馀人分立池之两侧,俟鸭飞上,以网兜之,不得向池中撩取也。每班男女客各半。至池门左近,即须轻步,防惊鸭飞走。惟女子西衣,行时往往窸窣有声,又或谈笑声为鸭所闻,至池侧时,往往已先飞去,故获物甚少。余每次得一二尾,甚以为乐。午膳为西餐,中有一味,为锅烧鸭,即猎得之新味。临行时,公使例得赠鸭四尾,携归自烹,不问自身猎得与否也。凡专使至日时,皇室亦有时招待猎鸭。汪伯唐来日,特为汪举行。汪猎数次,无所获,归时亦得赠数尾,置车中,若猎得者,以助兴也。

十、皇族与外交团之交际

公使赴任后,例须谒晤皇族。皇族对外,由其家令或别当出面。别当云者,家臣之义,公使先派官员与家令接洽谒见时日。凡皇族有皇妃者,公使夫人亦偕往。谒见时,皇族立客厅中,向之一鞠躬,皇族还礼,略谈数语,即退,不赐坐也。惟宴客时,亦主客并坐,与普通交际礼节无异。当时皇族以伏见宫为最尊,每年宴外交团一次,用西餐,妃亦列席。其他闲院宫、东伏见宫等,间有宴会,不以为常。伏见宫宴客,其菜单最有特色,菜单上印明各客姓名,颇足以备纪念。凡宫中宴会,皇族咸列席。每年猎鸭会,例有皇族一人为主席。是时便衣略服,与外交团随意谈笑,毫不拘形迹,但所谈绝对不涉政治耳。

十一、日华学堂怀旧宴

光绪戊戌年冬,湖北、南洋派学生四十馀人至日本留学。陆军学生入成城学校。文学生由高楠顺次郎博士组织日华学堂,聘请教习,补受日语及普通科学。余与雷继兴、胡伯平、杨补塘、杨翼之、富意城六人,自南洋公学派往,到后即入此学堂。此外浙江、北洋派来及自费生总计二十馀人。一年馀,各分进正式学校,此学堂亦遂解散。初到时,各人于日本饮食起居,尚未能习惯,与当时舍监，颇以琐事多龃龉，高楠则时至调和之。高楠精佛学，通梵文，在文科大学任教授。学堂事委宝阁善教为常川主任。此次余再来东京，高楠及旧时教员，于星冈茶寮设宴欢迎。到者为高楠、宝阁及土屋诠教、安藤弘、美野田琢磨、高岛圆、樱井义肇、有马祐政、田代直树、江波知辉诸人。田代为舍监，江波为医生，其馀均教员。别十馀年，各人均见苍老矣。高岛别号米峰，自设鸡声堂书肆，著述颇有名。樱井主持《中央公论》杂志，安藤任东洋大学干事，有马为同文书院中学部教头。当时尚有梅及酒匂两氏，已物故。余旋在使署答宴，并请各人书数字于手册。宝阁书君子之交淡如水一语，甚有味也。日华学堂出身者，如王亮畴、张昶云、王长信、张星五、金伯屏诸人，来自北洋大学。陆仲芳、钱念慈、陈乐书、何燮侯诸人，来自浙江求是书院。汪子健则由浙江蚕学馆派来。最可惜者，黎泽舒及蔡君、安君、郑君四人，于唐才常一役，被难于汉口。又有自费生陈玉堂者，潮州人，同居年馀，无人通其语言。其人甚有血性，后亦不知其究竟矣。

十二、醒狂会

醒狂会为第一高等学校同学所组织，以时聚会联旧谊。醒狂会者，虽狂犹醒之义，谓学生高歌放论，人以为狂，实则世俗乃沉迷不醒耳。余与胡伯平均东京一高出身，胡为长崎领事，因刘子楷归国，来使署代理职务。一高同学，假红叶馆欢迎余等。醒狂会会员在东京者有十六人，是夕大半到会，谈寄宿舍旧事。余当时因练习日语，曾进一高寄宿舍一年，是时同进者为吴止欺、钱念慈、陈乐书、何燮侯诸人。寄宿舍有东西南北四寮，各人特分居各寮，与日人杂处,盖厕身庄岳之意也。寄宿舍由学生自治,舍监监督之。一高学生,素有蛮勇之名,有所谓司叨姆者,犹言暴风雨骤至。每于夜深时,学生之中酒者,纠合十馀人,侵入各寝室叫闹,甚或启衾将已睡者拖起。举动虽近粗暴,学校当事者为养成学生元气起见,亦放任之。后因放纵过度,乃加禁止。闻近年此风已熄矣。醒狂会员,有官吏有实业家,其地位尚在中级。今则公使、总裁、局长、社长已不乏其人,惟尚未有任阁员者。凡已成之国家,人材大都循序渐进,非若革新之国,青年得骤跻高位也。红叶馆聚会后,越月,答宴之于使署。诸人尝鱼翅,饮绍兴,益形欢乐。回忆在寄宿舍时,习课疲乏,辄倡言组织公司,集铜币购番芋鼓腹。当年之书生景象,今犹在目前也。是时在东京之醒狂会员,为专卖局副参事平野亮平,海军主计少监柳田次郎,法制局参事官松村真一郎,文部省参事官黑泽次久,朝鲜银行东京支店长吉田节太郎,实业家柳濑荣次郎,内阁书记官天冈直嘉,三井矿山会社高岛基明,外务省书记官木村锐市,第百银行小高卓尔,特许局事务官马场颖一,东京地方裁判所判事久保久,东京税务监督局小岛诚,法制局参事官原象一郎,劝业银行铃木一来。

十三、东京帝大教师小宴

前在东京帝国大学听讲时,教师为穗积八束、梅谦次郎、和田垣谦三、高桥作卫、金井延、一木喜德郎、土方宁、小野塚喜平次、山田三良、宫崎道三郎、冈田朝太郎、穗积陈重诸博士。及就使任,积穗八束、梅、和田垣、高桥已作古,一木适在大隈内阁任内务,其余诸博士,仍主讲大学。某日诸博士于国际学会例会时宴余,是席演

说,余先期豫备,主席为前任外务石井菊次郎。学者聚会,有一种
诚恳之象,与寻常外交官交际不同。数月后,余约诸博士小宴。席
散,于院中小亭侧摄影。小亭名亭亭,为陆闰生在任时所筑。余与
穗积陈重二人,更同摄一影,表示永远倾仰之意。穗积为纯粹学
者,不问政事,著作等身,各国学者咸推重之,对于中国改订法律,
甚热心协助,法律馆延聘顾问,均赖其介绍。余每有问题往询,辄
谆谆陈说不倦,至今犹追忆及之。

十四、北京大学时代旧侣会

余任北京大学堂教习时,日本人教习,仕学馆为岩谷孙藏、杉
荣三郎,师范馆为服部宇之吉、太田某①、高桥勇。余与高桥寄寓
校中,朝夕晤游甚稔。是时《朝日新闻》通信员为丰岛捨松,商标
局顾问为小谷钱次郎,时相往来。某日,丰岛、小谷适来东京,至使
署访余,不晤已十馀年,相见至欢,以二人即须他行,乃电约服部、
杉及高桥诸人当晚来会,时岩谷已作古,太田在他处任教习,到者
□□□偶然聚合,谈旧时大学堂情形,颇多今昔之感。服部久任东
京大学教授并学长,其后兼任东方文化委员,年至中国一二□。②
杉初在大藏省,后转任宫内省,甚得擢用。高桥为美术教员,特以
自作屏风见赠,余保存之十馀年,今已他属矣。余与岩谷共事最
久,岩谷讲授民法,余任译述。时修订法律开馆,余与岩谷组织中
外法制调查局,供给法律馆各种材料。后岩谷亦由法律馆聘为顾
问,教习期满归国后,仍以通信兼任调查法律事务,惜以嗜酒致病,

---

① 太田达人。
② 以上□原文残缺。

竟未能重晤也。

十五、下田歌子女史

实践女学校为下田歌子女史所创办,彦安留学日本时,即进此校,寄宿其中。其时同学者为曾志忞、蒯若木、王小宋、钱稻孙诸夫人。下田对于中国女生,教导待遇,至为亲切。时学校所建筑尚未告成,寄宿舍另赁一日本屋,由舍监时任作子监督之。舍中洒扫,各女生亲自担任。中国女生,亦不分畛域,食膳至清苦,间日偶有鱼,其馀仅咸菜煮荳而已。下田主持此校,以造就贤母良妻为主义,于家政及女子自立、职业各科,尤为注重。命名实践,用意在此。下田是时兼任宫中女官,声誉甚著。京师大学堂总教吴挚甫至日本考察教育,余与吴止欺、张星五为任译员,下田亦派员照料引导。此次余夫妇重至此邦,下田至车站相迓,见彦安即抱拥安慰,若母女之久别重会。某日,彦安特访其家,适余有他约须用自动车,乃以马车往。归时忽马惊车翻,足部受伤,幸离下田家未远,再至其家,延医应急施治,乃得勉强回署。其后卧月馀始起立,下田时以使慰问。及愈,特约下田及旧时校中各教员至署小宴。下田见诸女爱抚尤至,宴毕,摄影志念。师弟相爱之情,女子较男子更切,可于言外得之。

十六、日本官吏之生活

游历员某晤日本某大将,谈及吾国财政困乏,因是军事未能充实。某大将笑言曰:"敝国官吏瘦,故国家肥;贵国官吏肥,故国家瘦耳。"其言似谑,实切中吾国之病。日本官吏生活,以节俭自励,军人尤尚刻苦。尝赴后乐园陆军宴会,偶与教育总监一户兵卫大将联座。是席为西餐,大将询余平时是否中餐,并言及中餐之美。余亦询大将日常何食,大将答曰:"若询仆何食,但观兵士所食足矣。仆每日盖与兵士同食也。"一日访新自青岛总司令卸任之某将。青岛总司令署,为德人所建,华丽可比皇宫。某将归东京,其住宅仅小屋数间,室中置木椅数事,以山羊皮为垫,其陈设之物,惟刀剑等纪念品而已,其朴素如此。其他如外交官吏,习与外人酬应,初意必较华奢,实则私人生活,于公人生活截然不同。例如内田康哉,早年已任中国公使,旋任欧美大使,是时适退任家居。余至其家,见与寻常中等人生活相似,出入由公共电车,与中国之曾任大员者,其奢俭大不同也。余所知之人,如林权助、日置益、小幡酉吉等,回国后,生活均极俭省,从无自置自动车者。又如侯爵小村欣一自有汽车,是时在外务省任书记官,以次官以下未用自动车,亦以人力车到署,即遇使署招宴亦然。盖日本各官署,惟大臣得乘公置自动车,其余大部利用电车,其自备马车或人力车者,已不数见矣。余归国后,见各署参事、司长,各自置汽车,日夜奔驰酬应,尝叹官吏风气如此,必伤廉节。犹忆前次赴德,乘德国船,一等舱约百馀位,自余等一行以官吏资格乘坐外,偶有欧美领事二三人,其余外人悉为实业家。由此观之,一国之优等生活,由实业家为领袖者,其国必富;若优等生活,非官吏不能享有者,其国必贫。此一定之理也。

十七、大仓八十寿宴

大仓喜八郎男爵,投资中国各种事业,至老弥笃。尝于冬季至东三省莅制铁厂新炉落成礼,寒风刺骨,不御外衣,其壮健可惊。有人询其长寿术,大仓谓平生惟晨起必浴,故精神终日振作,此外起居饮食,初无以异人,殆天授也。喜食鳗鱼,但亦非致寿之由。其八十生辰,在帝国剧场演剧三日,宴客数千人,余亦往祝。开剧前,大仓自身有演说,来宾有祝辞,与吾国之徒尚热闹者不同。日本素不通行送寿礼,主人费巨万,更以纪念品赠客。若吾国之集公份,征厚礼,官场且以礼物之丰俭,为交情深浅之标准者,盖不可同日而语矣。中国友人,赠以泥金寿屏,大仓喜甚,平时亦县(悬)诸堂舍。迨米寿时(日本以八十八岁为米寿——原注),更向中国知交征文,以铜板汇印成册,副以时表及美锦,分赠友人,作为纪念。自中国往祝者,舟车宿舍之费,悉由大仓供给。演剧数日,震动一时。日人之持清议者,颇非议之。大仓建古物陈列馆,搜集东洋美术品,尤以佛像为多,大都自中国得之。是馆费百五十万,八十寿时以是馆提赠于公众,设委员会以管理之,并附以维持费五十万。其慷慨不自私,自寿其寿,后人亦将寿之。是馆后毁于大地震,今已由其嗣子重建恢复矣。

大仓于每年四月八日佛浴日,在向岛别庄开游艺会,习以为常。余亦赴会,惜无艺可自陈。到会者大都为友人之欲自献其技者,书画琴歌,诸类悉具,以谣曲为多数。能者既多,演时乃限以时刻,至长不得过十分,而演者辄欲自延其时,上台不轻下,客咸拍手促下,洵堪发噱。八年是日,余亦被招,惜以行期已迫,未克预此清游也。

十八、山本虎宴

山本唯一郎为松昌洋行主人,经营输出入及船业,在吾国各埠设有分行。欧战时,日本商人之起家者颇众,俗谓之"成金"。成金者,日本将棋中用语。"金"在各子中为骁健者,次于"车",而强于其他诸子。凡"卒"或"马"过一定界限,即可翻转而变为"金",名曰"成金",犹化龙之类。暴富之人,在社会变化之象,与之相似,因以此目之。山本亦其一人,一时财产逾千万,挥霍有名。建巨厦务极华丽,花园中之岩石,专足至中国滇、蜀各处访求,不以为费。是时日本金融充裕,习尚渐奢,识者忧之。风景佳尚之地,别墅之新筑者,踵趾相接。美术家与画家声价骤增。成金者流,喜以风雅自饰,投巨赀不甚顾惜,每遇美术展览会,寻常画额,辄标巨价,不数日已有预约。盖"成金"类皆胸无点墨,搜集美术品,惟多是嗜,听门客揄扬之言,即解囊纳之,而不知门客与美术家及画家本有渊源也。山本氏好猎,闻朝鲜山中有虎,乃集众往猎,以土人为引导,得虎豹及其他野兽。归东京,于帝国旅馆开食虎肉会,余夫妇亦被招。赴席稍迟,客数百人已咸集。是夕为西餐,汤后出虎肉,冷制,其味若牛肉,不豫示,亦未知其为猛兽之肉也。餐后,有馀兴,舞台设深山聚猎之景,虎豹等兽,以其皮制成雏型,或卧或立,置于山腹,使诸客得观猎之乐。主人复赠《征虎记》一册,载往猎经过情形;虎骨精一瓶,色白而腻,谓性极滋养。适实相寺贞彦来访,因转赠之。山本此举,费三万馀金,可谓豪矣。后数年日本经济家起恐慌,一时之"成金",不能支持,破产者无数,山本亦败。人生荣枯之无常,亦大多如是。十二年在沪时,西门子管趾乡约餐,忽遇山本,谓将赴欧洲考察,谈旧事颇多感慨。此后即不闻其踪迹矣。

十九、藤原御茶料理

日本古传之茶礼节,最为幽雅隆重。宴客以"御茶料理"为最敬。茶礼节云者,饮茶时有一定规式,与寻常以茶敬客不同。其法先以绿茶研细为末,以水调之,味苦而涩。客一饮而尽,或以碗传饮,其余剩者主人饮之,此为定式。客饮茶时以跪坐为礼,例不设坐垫。使署之后有星冈茶寮,吾辈留学时代,开饮茶之礼,约二三友人前往试饮。寮中侍女不为设坐垫,初以为轻待中国学生,颇不悦,及出询日友,乃知席地坐饮为古礼。所谓"御茶料理"者,客至,先进食,食毕,始进茶,事事由主人亲自供役,不经仆人之手。日语宴客曰"御驰走",主人自厨次运物至客座,经长廊,辄驰走,附会者遂谓其语义即出于此,实则驰走等语,乃先有音而后强写以汉字,非有意义也。

藤原银次节,由三井出身,经营王子制纸会社,负盛名,积资颇富。其宅为伊藤博文旧居,建有茶室。是日客共五人,入门,主人出迓,咸脱屦,在四叠半之小室坐候客齐(日本室以席计,席一张为一叠——原注),主人先退。适雨,主人以笠及屐进,谓客曰:"少顷当来躬迓。"客则辞曰:"毋烦主人,闻钟声便往。"午刻钟鸣,客戴笠着屐,循院中曲径以行,不张伞也。旋至茶室,室亦四叠半,门低如窦,客佝偻始得进。室墙县(悬)一中国古画,以今日余为主客,以此表敬意。画前小几陈设磁瓶一事,插红花一朵,鲜艳可爱。室中间置方炉,嵌入席内,炉侧陈设茶具:茶罐一、茶匙一、茶碗一、铁壶一,外清水一盂、白炭一束。清洁古雅,几疑为仙人炼丹之用。客入室,先后赏玩各物。主人至,燃白炭,注清水于壶。后出。

有顷，主人来迓，谓膳已备，乞入座。客乃随主人至膳室，室稍宽，有十叠。主客例须酬应主人，余因未谙礼节，推次席有贺长文为代表。有贺在三井任理事，有贺长雄博士其弟也。膳室设座五，主人躬役，不陪食。膳品为酱汤一、鸡饼一、煮鱼一，不设生鱼，谓古礼无之。饭盂置座前，由客自盛。酱汤可请益，客以汤碗授主人，主人持至厨次以新者进。食品虽简，主人意盛，客咸饱食。食毕，主人撤食器，客小坐。有间，主人出谢客曰："顷尝馀馔，知今日调和未能得宜，有慢诸客，失礼殊甚。"客正坐深谢之，遂退出。复至茶室小憩。俗例宴客，主人于就膳前，往往谓客曰："今席无善味，请客尝之。"语固自谦，实不免矛盾。今主人于客食毕，乃尝其余，再示歉意，可谓合理矣。至宴客不事多馔，以表见主人心意为重，不在罗列山珍海味，徒事哺啜，喧扰不宁，绅士高尚之风，固宜如此也。

是时茶室古画，主人已更悬新轴，花亦重插。最有风韵者，为铁壶之水沸声，古来诗人以松涛喻之，静中微响，非雅人无由领略也。旋主人至，以茶匙盛茶末，置碗中，注水调之。有贺自怀中出白纸并以一枚分余，他客咸出纸。余方欲询何用，则主人已以茶碗进有贺，有贺呷一口，以纸拭碗际，即递余，余乃恍然，亦呷一口，拭后递他客。五客以次递毕，乃返主人，主人一饮而尽，所谓茶礼节始毕。主人复让客至内室，见其夫人。夫人亦制茶，询余饮否。余意领受为礼，答愿饮。以为必如前例，稍饮即授他人。旋夫人以茶一碗进，余呷一口，方欲转递，而他客辞不受。有一客亦得一碗，饮罄始已。乃知饮茶之法，不能拘于一式也。

茶室中所用茶碗，若中国之宋元磁，碗口有损，以金镶补之。

茶匙为竹制,茶罐亦磁器。客闲谈谓茶碗大都为古代名人遗品,数月前,美术俱乐部有一碗,为人以五万金购去。一客漫问主人曰:"主人此碗,得毋即此碗耶?"主人笑置不答。嗣至内室,见室内墙侧立一方匣,约三尺见方。客询主人:"中何贵品?"主人答称茶碗空匣。客以碗小匣大,启视之,则有内套匣十余具,每具均载明此品原存何处,今归何人。及最小之匣,内有古锦为裹碗之用。箱底有投标纸,则书明标价五万圆,始知主人实以巨价得此古碗,今日用以敬客也。爱玩古董之观念,各国人性质微有不同,即此一端可以见之。

御茶料理,其礼节烦难如此,少壮之人,往往不能耐,嗜此者以老年自适者居多。藤原谓有时主人颇欲一试,而得客甚难。客固安坐享用,然费时须半日,不得中途先散,客之羁于世事者,遇招辄辞,主人又不能令素未相识之人,任意约聚,故五人之会,至不易成。余将归国,藤原以余为知音,定期余与(与余)夫妇设馔,彦安亦极欲一观其礼,卒以事冗未克应召,至今惜之。藤原尝著《宴客常识》一小篇,历叙宴客真义在主客互罄情谊,世俗视为酬应,主人但任其餐费,而不问客之适否,非古礼也。至挟妓酗酒,尤属下乘。惟推行御茶料理,可以一矫其弊。藤原之说,盖切对日本流俗而言。若反而观之吾国,近年士大夫宴会,其俗扰之状态,更堪自愧矣。

藤原以日本古画相赠,余以元磁碗答之,藤原大加爱重。适余将行,数使其秘书来询碗名,并历来为何人保存。此碗前得之于博蕴斋,初未知其来历。吾国人之视古董,重在年代之古,不以其曾属名人,增其昂贵也。此碗虽属元磁,亦常品,无专名,乃以他日查得相答,迄今未践约也。

二十、赠勋专使接待记

汪伯唐以赠勋专使来日,其间经过许多曲折。及定议后,日本欲盖其两次拒绝专使之嫌(一次为周子廙,一次为熊聘三),朝野竭意表示其欢迎。吾国为共和国,故日本不能以接待亲王之礼,待遇专使,宫内省乃斟酌用准皇族之礼。以霞关离宫为专使宿所,派稻叶式部官为接伴专员,布置完备后,稻叶特请驻使至离宫检视,以示郑重。离宫虽地位不大,陈设至为精美,寝室用绣衾,颇若吾国之新房。汪起居素俭,到后,笑谓余曰:寒士宿此,殊不习惯。华丽若是,反觉不自由也。用膳为西餐,除外出宴会外,余均陪食。专使于临行前,在宿所宴请阁员及宫内、外务两省人员一次,其余宴会,均以公使名义在使署举行,盖寓介绍之意也。

使署于正式宴会外,特开夜会一次,发请柬七百馀,到者约半数以上。是晚使署楼上下,均扎彩添灯。欧战中,各使署久未有此盛会,惟因英使主张战时大都有亲族战死之丧,故夜会仅有谈话聚餐,未举行跳舞。署中跳舞厅,满饰樱花,灯光照耀,女客大半聚集于此。就座时,照西礼,男客各应手挽女客入内,先期由主人配定。是晚专使偕行之女客为某阁员夫人,至时忽某夫人已先归,而重要女客,均预经配定,临时更换,颇费经营。又外交团有配引日本女客者,女客之不知斯礼者,辄辞谢之,男客颇为难。日本一般于西礼究未甚通行,故发生此等小节。又是晚客到后,忽大雨,客将归,在门口候车辄逾刻。最后之喜剧则为建部逊吾博士,行时遍觅其帽。不得。架上有一帽,乃大仓男爵所遗,始知帽为大仓误取。急以电询,则大仓已赴向岛别庄,道远夜迟,不及更换,博士遂怅怅归。

专使觐见，呈递大勋章礼毕后，日皇于宫中赐宴，并赠专使一等桐花章，公使亦得一等旭日章。是日赐宴为西餐，专使坐日皇右侧，与寻常正客坐主人旁相同，余坐与日皇斜对。照例翻译官不得列上席，故有时日皇以日语询余时，余得直接答言，非若觐见时之必须展转传译。西餐同坐一桌，平等气象，自然流露。席散后，在吃烟室小憩，日皇与陪食之员随意谈笑，各员用语，亦系寻常敬语，初不若文言之烦重也。

专使在东京时，日皇特开猎鸭会一次，专请专使及中国使署人员，未请他使。是日人数不多，往猎甚自由，惜汪以未习，未能亲自猎得，曾以诗自笑。汪宴会之暇，日人求书索诗者颇多，在离宫时，晨晚惟了笔债。临行前绕箱根一游，亦由宫内省招待。先是宫内省询余往否，余答曰行，因为余预备宿舍。先在塔之泽环翠楼一宿，翌日宿宫之下富士屋旅馆。环翠楼为留学时代旧游之地，膳宿悉日本式。富士屋余就任时来避暑，未得佳室，今宫内省预备，与汪对室，舒适殊甚。汪爱箱根所产独木盘，因购赠之。此次陪汪游箱根，初以为余亦宫内省招待之客，嗣知宫内省定章专使出游，专招待本人及其随员，不及公使，故旅行中公使之宿舍费用，仍归公使自认，至使署参随之兼任专使随员者，反在招待之列。以中国思想论之，似不甚大方，然亦可见日本会计法之严密，公家费用，非例所许，不能滥支。若吾国之办差，漫无限制，接待外人，尤不事计算，虽一时博外人之欢，究不免滥费。犹余忆（忆余）前此游历欧洲，适遇英皇加冕，特往参观其仪节。中国专使载振归国时，余与驻使刘葆笙偕英国招待员同车送至海口，归时，值午膳，英接待员请刘同膳，对余之膳费，颇事踌躇，后刘告以可由刘为主人，乃无他议。可见外人支用公费之精细如此。

汪归国时,余以使署尚有要事,送至中途即归东京。关于专使送迎之礼节,余于汪未到前,派周钰卿详询英使。英使谓欧洲通例,凡专使为皇族时,驻使宜接至海口,归送亦如之;皇族以外之接送,驻使以至车站为准;其因私交关系者,则迎送自可任意。故汪到东时,余接至车站;归时则送至中途,期于适合通例而已。

汪此行受皇室招待,对于一般私人宴会,大都辞退,惟全体实业家于帝国旅馆举行欢迎会,代表日本全国工商,表示日本人民对于中国亲善之意,汪特正式列席。是日到会者为各业之代表约数百人,台上陈列日本出产之重要商品数百种。主客交换演辞毕,司会者以所列商品赠诸专使。普通欢迎,从未有此盛举也。汪携归后,即送北京商品陈列所陈列。惜中国历年兵乱,实业凋敝,嗣后亦无人注意及之。

二十一、游历团之盛况

民国六年七年间,吾国各界结团体东游者,踵趾相望,使署有应接不暇之势。交通之联运会议、陆军之阅操,为每年例事。各省来者,以教育界为多。其最仅见而为先例所无者,则为新闻记者团及蒙古喇嘛团。记者团为两国人民交际,然每遇宴会,必加入使署人员。余于署中宴请记者团,是晚适因病赴箱根静养,不及赶回,由参事代为主席,客意颇不怿。余是时甚视宴会为苦事矣。喇嘛团之来游,初由日人至蒙古引至,将到东京时,留学界咸虑其受日人笼络,因是使署更加意招待。至车站,即由馆员接至使署晤见,并定期在使署茶会,照蒙古教式,交换哈达各一方。使署跳舞厅一时高僧满座,馆员谓自有使馆以来,未见此例也。余与纯粹蒙古人交际,此为第二次。长司法时,外蒙法长至京,曾在部中款以西餐,谈话须传译,与在京之蒙古王公已汉化者,其习惯思想等,盖大有悬殊。[使]署接待游历团体,最烦苦者,为团体之自动车声。每团体至,自动车大都数十辆,客上下不以次,哓杂几类车站。余治事室适与为邻,每次辄闻自动车嘎嘎声,数十分钟连属不断,虽厌之而无如之何。

二十二、三重生活

自东西交通以来,欧美风气,传至东亚。人民习之,于是起居饮食,东西杂用,有两重生活之现象。吾国与日本均不免此弊。若欧美人在本国时,决不参用东方习惯,即至东方,亦守其本来,而东方人反为其所化,有反客为主之势。欧美人之生活,骤视之若较东方人为奢,实则单简不浮费,于经济时间最为适宜。若日本之衣食住,两式分别并用,吾国之东西参杂,人以为乐,实自苦也。此就一般生活而言。不谓中国使署在日本者,乃须三重生活,则非人预料所及者矣。即以饮食一端言之,中国使署,自可用其世界著名之中国菜,然宴请外交团,则非纯粹之西餐,不能作为正式。美国人好新,饷之以中国菜固乐受不辞。若英国女客,大都不肯尝试,设贸然以中国菜进,竟有不动箸者。故正式宴会,万不能以此轻试。至日人则往往以中国菜为请,有时正式备西餐,颇有不满足之意。吾国人之来游历者,其希望得本国味,更不必言矣。余以中国菜共同下箸,不宜于外人,故中国菜亦照西式分器以进。然吾国人对此亦不满意,谓容量既小,品数亦减,有失中国菜之本色,遂宣言曰:"近来使署之中国菜,只可谓之为章菜,不足为中国菜之代表。"诚如是,主人亦真不易为矣。又吾国人之喜试新者,复要求日本料理,于是宴会益增繁杂。更就见客而论,西人最守时刻,除公事或豫约外,大都午后来访。日人则不然,其早来者,或在午前八时左右,主人尚在朝餐之时;或在正午十二时左右,则客之午餐已毕,久坐长谈,未顾主人之枵腹也。吾国人之来游者,访问多豫定时刻,惟往往团体全至,不推代表,谈话丛杂无次,人数既多,颇费时刻。又如使署例行之事,如请发护照等,西人大都至馆员公事房,数分钟内得签字即去,从无以此访公使者;若吾国人,则必见公使,杂谈久之,乃提起请护照之事。在交涉烦忙之时,为此等无谓例事,费去时间,诚苦事也。犹忆参战将发表时,函电丛集,而蒙古某王忽至,见后闲谈许久,乃请发一护照,即命馆员填发,而坐候间,余亦不能治事。若照西例,本可使人代见,或置客仍治公事,然在吾国将以为失礼,且为蒙古王,更不欲以此见罪也。某王行时,作例辞曰:"不日归国,见友人有寄语否?"因答之曰:"请告友人,某在此,实兼任中国之首县,办差及迎送至苦。"某王亦一笑而别。总之无论何事,中国式、日本式、西式,必三者并用始可无过。故以三重生活名之。

二十三、游东友人逸事及感想

在任三年内,友人至东游历者至众,酬酢之间,颇多逸事及感想,可资谈助。今作古者已数人,馀亦散处四方,都不通闻问。回念当时,殊增感慨。

张仲仁游东最早,先余数日到,时行装甫卸,匆遽间未克为东道主。其从弟禹石在横滨为副领事，假使署跳舞厅设饮，余到东京之翌日也。先一日，馆员欢迎为西餐。是晚圆桌两席为中国菜，自离国后尝本国味，尚为初次。张在袁项城幕中最久，于新政多所擘画，司法改良，甚得其赞助。后长教育，以帝制问题与袁意见不合，遂辞去。来东志在考察教育，以时值夏假，学校无可参观，即赴箱根等处。是时馆员颇有在使署正屋宴客者，请柬载"假座使署"字样，余以使署为代表国家之地，公使之外，他人任意假用，非郑重之意。因规定使署正屋，惟公使应用之，馆员宴会，各以署内自宅为限，不能假用正屋公共之室。有人议余过于拘谨者，因询之英国使馆。英馆谓外交通例，使署代表国家，断非他人所得假用，惟本国皇族或现任外务总长来游时，位在公使之上，而有代表国家之性质者，自可应用使署。西人习惯，极尊重个人分际，即私人宴会，亦甚少假座他人之宅者，至公署更无论矣。其后徐又铮来日观操，欲在使署宴客，余使人辞之。徐意颇不怿，谓汪伯唐以专使来日，曾在使署开宴，有先例可据。实则汪来时，使署大宴，仍以公使名义发柬，汪自宴仍在离宫。经郭东泉详细解释，谓在馆执务十余年，从未有本国游历专员假用使署者，徐始释然。假座一事，在中国视为寻常，如北京外交大楼，时由他机关借用，若征之他国，其例甚鲜也。

五年秋，周子廙携其夫人来日养病，在逗子海滨小住。某日，余与约至大矶招仙阁游览。招仙阁为旧时伊藤公爵尝至之地，留学时代，亦常偕友来游。青松白砂，地至幽雅。及期前往则已于数年前停业，不得已至长生馆小憩。长生馆，日语读音与招仙阁略相似，至内部布置，大逊招仙阁矣。归时，乘火车，周来往恒购三等票，谓现为平民，只此已足。周久于美，故有此风。其夫人患喉头结核,医言肺疾已达末期。藤山雷太游北京时识周,其住宅园林颇广,每年例开游园会,是日特约周夫妇晚餐,并来柬约余夫妇。余适赴福冈吊蔡松坡,即于旅中电谢之,彦安不欲单往,亦辞谢。嗣因先一日为赤坂离宫观菊会,余兼程归东京,但以辞谢在先,藤山盛会,竟未得预,亦憾事也。

陆闰生以接收交通银行借款,并筹办汇业银行来东,即寓使署。陆离任尚未及年,馆员皆其旧属。中国习惯,喜用官名,以示尊敬。陆与余同在一室时,馆员谈话,对余等二人,悉称公使,而不冠以姓,颇有误会。西人称呼,最为平等,官名惟在职中用之,退职后统称先生而已。若退任之总统,仍以总统称之,将视为侮辱其个人。中国则反是,一任此职,即终身用此官名,并以不冠前字为恭,可见中国阶级观念之深。陆喜日语演说,某日银行家公宴,余谓陆宴时如有演答,尽可嘱馆员任译。及时,陆仍起立,自以日语演说,其勇气可佩。余在任中,公式宴会,从未敢以日语自演。郭东泉任译,亦先期示以演辞原稿,以免临时有误译之嫌。盖以外国语达欲言之意,对大众公演,往往有因矜持逸其要词者,非若坐谈时,可以从容补申也。

梁燕孙携其如夫人至东游历,日报载梁偕第几夫人同行。梁对人言则直称小妾,并不令至使署与宴,盖犹有老辈之风。纳妾之制,余素反对,良以社会由家庭积成,家庭不和,社会自无由强健。民国初年,曾思假法律之力限制之,然为旧势力所压迫,竟未能实行,且有新思想者,亦大都利用旧势力以自娱。甚矣,积习之未易革除也。从前妻妾界限甚严,近年宠妾之风渐盛,往往有以妾出面而冒称为妻者,与外国人交际时,尤通行之。外国人一时虽为所蒙,而与之同席之中国友人,则亦不能不尊之为嫂,且使其子女事之如尊属,则真令人万分不愿矣。日本有第几夫人之名词,实则中国旧制,称夫人者,以妻为限,妾固未能僭用也。

彦安在北京创办蒙养院,友人子女,大都来就学。梁有两女,当时亦从彦安读书,此次来东,梁女有所馈赠,请以此为老师寿。学生在校近年已奴视教习,出校后更视如路人,梁女尚不忘蒙养院之旧师,亦足以风世矣。梁在日时,适靳翼卿亦来观操。一日,两人欲讨论时局,会于使署,特治餐佐其清谈,两人咸嗜雪茄,赴餐时,置未完之烟支于桌,及餐罢取烟,则台毯已为烟烬所损。此台毯为友人所赠纪念品,余不欲废弃,其后乃命人绣一蝴蝶于上以掩之,而两人初未之知也。

严范孙游美归国,道经日本,其哲嗣约冲适于先数日在使署中风骤亡,严在舟中未得信。是年严六十,在美时曾以诗自述寄约冲,忽遇此变,其失望可知。范静生与严同行,到后,余先访范,告以约冲事,范亦泫然,乃讬范缓达,并劝严勿至使署,虑其见物伤情也。严闻信,仍至使署达谢意,初意过东度生日,使署同事亦欲公祝其寿,至是乃一切作罢,数日即归国。余识严最早,毕业后至津,即寓严家,严正创办家塾,后扩充为中学,即今日南开大学之先身也。严居家俭朴,绝不沾洋气,而饮食时则取分器主义,一汤两菜,若日本式,惟不用盘。中国之同器共食,于卫生最不宜。严是时已于家庭实行分食,其思想之进步,可于此小节见之。

汤济武、林宗孟相偕来日,日本各方面欢迎颇盛。而是时北京《晨报》,攻击日本甚剧,汤、林为研究系领袖,《晨报》则研究系之机关纸也。汤、林亦稍觉不安,乃电嘱《晨报》稍敛笔锋。汤、林因交际访问,终日御晨礼服,戴黑高帽。某日游箱根,余亦偕往,汤与余宿富士屋,林则宿奈良屋。林以浴衣来访,为富士屋拒绝,即在此时。汤、林未带便服,在山中仍礼服高帽,大有衣冠游山之概。因忆一事,清末余为资政院创设员,某日宴于西直门外万生园,席散,游动物园,创设员中之某老者,未易便服即衣冠徘徊于诸兽之间,当时同行者,颇引为奇观。汤滞日月馀,思游美。余甚赞同,询其时日,以往返六个月对。因谓之曰:除舟车外,留美日期不过四阅月,鄙意宜多与美人游,俾得他山之益。至与华侨则偶一周旋足矣。若在外国而终日与本国人交际,费去贵重之时光,最为可惜。本国人之来往,在本国时机会正多。汤意亦韪之。不虞至美后,仍于华侨宴会中被刺也。汤至美曾来两书,一书到时,已在遇难后数日矣。书中言美国人对中国情形,甚为隔膜。顾少川在使署,亦无从得中国实情,盼余随时以函电相告云云。其旅行中关心时局如此。林未偕往,先归国,其后再来接汤灵柩,并与犬养毅及余等发起,为汤在增上寺开追悼会。林述追悼辞甚悲痛。人生如泡影,有信然也。

徐又铮来日观操,调使署参随为随员,颇有专使风。至东京时,适余自镰仓别墅归,因于横滨候其车至同行,固非若接待专使之正式也。至站,即由陆军省派员欢迎至帝国旅馆。田中义一时尚任参谋次长,亦来招待。饮香宾后,余即归。徐观操中,由陆军省接待。操毕,徐忽欲移住使署。余以使署无闲屋辞之。徐欲在使署宴客,又为余谢绝。日本举行秋操,中国每年派员,几成例差,而徐以专使自居,因是意见遂不能融洽。一日,徐谓余曰:中国旧礼,钦差过境,督抚须跪请圣安。今仆过天津、奉天,督军等竟无询及总统起居者,可谓疏矣。意中似谓至日,即驻使亦未尽礼。余笑答之曰:共和国体,与君主国体,本大不同,民国既无钦差,奈何责督军不请圣安。徐治事勤,有干才,而自是过甚。段合肥组阁时,徐任秘书长,阁议议决事件,例交秘书长整理文字,徐往往以己意修正议案,越出文字范围,当时阁员颇因此起争议。徐随段最久,及被难后,乃不得抚恤,在沪设奠,而北方旧时同僚致挽者甚稀。

唐少川于七年秋偕其夫人来日,初寓帝国旅馆,后移住大森,取其闲静也。唐夫人由实相寺夫人作伴。唐是时颇有意调和南北,余亦为传达其意见于北京当局。松方公爵一日宴唐夫妇及余夫妇,笑谓余等曰:今席南北一家矣。其希望中国和平之意可见。座中张溥泉亦在,余偶与谈话,声稍高。松方顾曰:岂君等又争议耶?主客咸失笑。余初识唐,在唐任津海关道时,毕业归国过津,袁项城欲用留学生,以唐为学生出身,故命其接洽。革命时,唐为北方议和总代表,余亦以浙江代表名义同行;及组阁,余任法制局长。民国新法制,颇多为唐阁时代所制定。唐临行前,宴日本朝野,适余在使署为徐又铮公宴日本陆军将佐,未克分身与席。翌日往送,则遇之途中,因同车道别。唐归国,未几,南北和议再开,唐任南方总代表,卒因两方意见纷歧,未有终结。欧战议和时,汪精卫过东来访,适余外出未遇。翌日,廖凤舒至横滨送行,汪谓唐有要语嘱其转达,惜因相左,未能面罄。忽忽数年,廖亦未询其何语。后在沪遇唐,偶询及之,则已未忆何事矣。

二十四、本野与后藤

在任中,日外务最初为石井菊次郎,最后为内田康哉,中间周旋最久者,为本野一郎与后藤新平二人。本野久在欧洲,其态度习惯,纯为欧洲绅士。后藤则有东洋豪杰风。本野治事,恒在官舍书室,不甚至外务省事务室。余往会晤,正谈之外,喜为友人杂谈。

本野于中国情形,不甚熟悉,恒询余意见。余则时叩以欧洲状态,交换智识,各得其益。两人均不嗜烟,谈久,其夫人辄以糖菓相饷,与寻常外交官之会谈,事事拘于形式者,其亲疏不可同日语矣。外交团宴会,喜戏纸牌,余夫妇均不习。某日,本野夫妇特约余等往,以纸牌游戏各例详细指授,在座者惟其哲嗣,惜余不甚乐此,偶习亦遂忘之耳。本野喜盆栽,殁后,其家以盆景出让,乃值万金,可见其平日搜罗之精。其夫人尝以一鹰见赠,在朝鲜所获者,适余未见来札,乃为仆人误置厨室,几烹食。翌晨,始发见为装饰品,非以供食料,亦趣谈也。后藤素有东洋罗斯福之称,计画一事业,大都规模远大,为世俗所惊异。任台湾民政长官及南满总裁,颇著成绩。寺内内阁,以内务兼任铁道院,适与中国交通部协商联运事宜。中国交通次长及各局长联袂而至,后藤表示欢迎,特在上野精养轩开园游大会,招待来宾至三四千人。嗣后备专车,请中国来宾漫游松岛各处,使用一等车多辆,流连数日,遂致寻常客车有缺乏之嫌。闻其后交际费之支出,竟逾出额定之外云。本野既病辞,后藤兼任外务,余往贺,谈次颇有得意色。盖后藤对于外交问题,素有大志,前此伊藤博文之游俄,即其献策,惜伊藤在哈尔滨被刺,联俄之计,遂未实现。今身当其任,若假以时日,必有惊人之政策实现,可断言也。余对于日本退还赔款问题,正在各方疏通,后藤素赞斯举,及寺阁将辞,余力促后藤于离任前实行决定。一日,余往访,后藤告余阁议已议定,余请其正式发表,则谓依法须经国会通过,今可以阁议议决文相示,即于事务所将原文示余。余请携归,电政府先谢立案。后藤即允之。其坦率无官僚习气如此。后藤有组织内阁之资望,惜时会未至,终其身未达此志。晚年倡政治伦理化主义,对于现今之政界,其意盖有未满矣。

二十五、岩崎与三井

岩崎与三井，为日本巨富。某新闻社尝调查全国富豪之财产，自百万圆起至五千万圆止，列为一表，三井、岩崎两家，不与其内，盖其数在数万万圆以上也。日本富豪之家法，与国家之宪法同，一家公产，与主人个人之私产，截然划分，不能通融。公产由重役管理，若一国之有政府。主人任会社社长，得年薪及花红若干，为个人之私产，凡个人家庭私用，由此支出，不能任意使用公产也。公产为会社经营事业之资本，每年盈余，悉照会社定律分配，主人亦以重役之资格得若干，故号称首富。主人个人之收入，初不与他公司之重役有以异，因是富豪之子孙，即欲浪费，亦为家法所不许，其富乃能永久维持。而公司方面，营业发达，富乃日增。或谓三井、岩崎之富与日本国家相终始，非虚语也。余尝赴三井八郎右卫门男爵家茶会，见其侍役乃临时雇用。岩崎男爵某日在品川别墅招饮，侍役亦然。可见其平日家中使用人之节少矣。两家主人，各任总会社社长。三井办事若英国政体，事权集于总理，总理为团琢磨。一日，参观其事务所，总理及各重役之处理事务，其接应指使之敏捷周到，实远在官僚之上，至社长不过坐受其成而已。岩崎之组织略与美国政体相近，其总理为木村久寿弥太。社长岩崎小弥太，受英国大学之教育，日至事务所，与各重役共同治事，坚实稳厚，有平民风，人咸重之。余留学一高时代，岩崎前代主人，有子亦在一高工科肄业。尝访其学舍，有学友藤井、庄田二人为伴，舍小而质朴，与本宅相离。盖以子弟求学，习于富家之起居，甚非所宜，故特令外居也。岩崎之品川别墅，收藏甚富中国名人字画，日称唐画者,颇有佳品。岩崎尤注重藏书,吴兴陆纯伯书库,曾让诸岩崎。岩崎延文学士数人整理之,并以静嘉堂丛书提要印行。余亦得其全帙。英国《太晤士报》记者莫理循搜集东方书籍,世界上推为第一,其书库在北京后出让,亦为岩崎所得。闻近已整理就绪,公开任人研究。富豪尽力文化,吾国之号称有财者,对之不无逊色矣。

二十六、瑞士通商条约

吾国与各国之通商条约大都由对手国要求,甚或用武力解决,故条约内容,往往违背对等原则,至近年始有改正之希望。惟与瑞士条约,由中国发议。中瑞两国驻日公使,各奉其本国政府之命令,在东京以全权商订,交换约文,盖创例也。瑞士为永久中立国,欧战中,各国人士之欲得两方消息者,都集于瑞士。吾国自参战后,亟以派使驻瑞为便,乃提议与瑞缔结通商条约。是时欧亚交通阻隔,故便宜上由两国驻东京代表协商。时瑞使为荻柴利,与余素相稔。会议时,先查验两方政府全权委任状。瑞士对外素无野心,所议条款,大致为各国修好通例,无甚争执。订约之日,以中国使署为签字之所。议约随员为王鲁璠、刘伯襄。是日午前十一时签字,署名后,各盖火漆印于约上。正约之外,另有换文,声明瑞士人民在中国者,现时与各国一律,享有领事裁判权,将来他国有取消者,瑞士随同行之。当时余主张首由瑞士取消,瑞使谓瑞士人民在中国者,人数无几,领事裁判权于瑞士本无甚用处。惟瑞系小国,若与中国订约,不能与各国享同一之权利,殊与体面有关。中国如以正约为不便,不妨另以换文约定,磋商再四,瑞使颇示为难,乃电商外交部。时中国亟望瑞约成立,遂姑允之。签字毕,宴请瑞使夫妇午膳,用中国菜,并摄影纪念。瑞士无勋章,余赠以景泰蓝古式鼎一架,镌明某年某月换约字样。瑞使亦以瑞士式烛台一对见赠。与外国议约之平淡,瑞约当屈一指矣。中国批准,为期甚速。瑞士邮寄往还,需两月馀。当时询瑞使,瑞士由何种机关批准,答言由联邦院。又询以总统现为何人,瑞使谓现时电信阻隔,总统不过为行政部主席,每年易一人,今年何人尚未接通知,故未能举其名。由此可证瑞士之重民权,总统不过代表行政之一部,与东方之视为主权代表,有帝王思想之印象者,盖大有异矣。

二十七、欧战中之瑞典驻使

瑞典驻使华伦盘,兼任中日两国使事,半年在北京,半年则在东京。好磁器,蒐集中国古磁甚丰富。余于北京即识之。自日、德交战,瑞典守中立,而事实上与德素亲近,联合国常注意之。德侨之在东方者与本国通信,例受检查及扣留,当时风传瑞使庇护德侨,暗中代送邮件,德国因此探得东方消息。某日,瑞使署送出寄回本国之邮信一大箱,为日本国际侦探所悉,追至朝鲜,电请外务省扣留检查。外务省允之。瑞使以使署邮件,照国际通例,应受保护,拒绝启视。联合国闻此消息,竭力怂恿日外务省提回开检。外务省从其请,及送回拆视,内中果有德侨信件。联合国以瑞使违背中立条件,主张撤换。日本为顾全体面起见,乃听其自辞。当瑞使未启程前,英使召集联合国各使会议,提议联合国各使,自即日起与瑞使个人断绝来往,即晤面亦不为礼。此种决议,似颇滑稽,而英使等因深恶德人,对于瑞使,毫不假借。瑞使旋即归国。余赴镰仓时,车中过瑞使。瑞使辄以报掩面,若未见然。余亦故背身向之,重外交团之决议也。

二十八、休战后之提灯会

自欧洲大战休战发表,世界各国人民,咸欣然有生气。日本为联合国之一,东京各界人士,有提灯会庆祝之举。是晚与会者约十万人,倡议进二重桥,绕过宫门以致敬。日皇室以民众一心,破例允之,并于各队到时,在宫门前派定专员安慰。联合国各使署,提灯会咸进内绕行一周,欢呼万岁。中国使署亦与其盛。午后五时馀,即有提灯排队而至者,由馆员在门口招待。内有商界各队特致祝辞者,则请其代表进内,馆员领受致谢。各队陆续至,约十馀分钟来一起,馆员接应,几无暇用膳。余等在楼廊观灯,闻欢呼声,此时固幸为与国。然回忆当日加入参战之政潮,令人感慨。提灯会至夜十一时收队。使署自大门至园中,用小石铺路。翌晨起视,因数万人之经过,小石竟散去无存,亦一纪念也。

二十九、东亚同文会与东洋妇人会

东亚同文会会长为侯爵锅岛直大,侯爵夫人荣子为松平恒雄夫人之母,主持东洋妇人会。其住宅与使署为比邻,故锅岛夫妇与使署来往至亲密。同文会最有益之事业,为调查中国各省地志,举凡地利及农工商各种情形,与一切风俗习惯,无不详细访求,编印成书,分省为卷,凡二十余巨册,费款数百万。余得其全集,窃叹邻邦之用心知彼,吾国自身,反听其自然,不求自知也。同文会会员,类皆年老有地位者,一日宴余于华族会馆,左右及对坐者悉为过七十之老者,聆其经历谈,正有趣味。同文会于中国留学生之预备教育,颇热心经营。在中国之同文书院,为造就日人练习华语者而设。近有人主张为中国学生,在中国设预备科,使先习日语及普通科学,来东即径入专门学校,若留美之清华学校,用意至善也。东洋妇人会干事为清水女史,开会往往假用锅岛邸。本野外务夫人,常到会周旋。会仅杂谈,无正式演说,司会者备茶果,间有馀兴。在使署亦开会一次,以中国茶点款之。会名东洋,包括暹罗、印度、朝鲜诸国在内,有时亦有上列诸国人到会。至平时会,合以中国人为多数。

三十、东京俱乐部

东京俱乐部为外交家及实业家集会之所,离使署不远,馆员中周钰卿至俱乐部最勤。各国使署人员常集此,无意中可得外交界消息,余无事时亦时往游憩。俱乐部阅览室,备各国杂志甚丰富。台球为英国式,四周有袋,以球落内为优点。余与日置益时相约球戏,惜两人技均不甚精,球戏一局,费时颇长。日置久使外,归国后知交无多,常与余为伴。日置喜郊外运动,俱乐部在驹场设有高尔夫球场,时时偕往。归途辄赴日本料理楼便餐。两人均不用烟酒,可谓良侣。墨使亦喜高球,每星期六,非约日置,即偕墨使,盖高球游戏虽可一人独乐,究不若两人竞争之有趣味。外交团嗜此者甚多,以其运动不剧烈,游戏一周,至少须步行十余里,不知不觉之中,周身血脉,咸得活动,即老年人亦得加入,不以为疲。球戏中盖以此为最高雅矣。时美使年已逾六十,某日往戏,持球未发,竟以中风猝故于场中,不数见也。俱乐部有酒场,余与日置均不善饮,每遇会员以骰子为戏,负者供饮品时,余等只能要求汽水,放弃权利颇多。日人喜弈,有多数会员,终日对弈不倦。余颇谢不敏。高楠顺次郎博士,亦弈团之一也。俱乐部有牌戏室,夜以十一时为限,逾限则课以罚金。餐室为纯粹西餐,西人来晚餐者,大都为独身之人。其有偶者,非适当之聚会,决无置家中人于不顾,而自乐其乐者。东方风俗,即未必尽然。余偶赴俱乐部晚膳,西友辄笑问曰:"君岂独身耶?"夫妇之谊,于此亦可证西俗之厚矣。

三十一、镰仓别墅

镰仓背山面海,气候冬暖夏凉,由东京往,火车约一时。日本名士,大都在此筑别墅。海滨有西式旅馆,夏季西人咸来游泳。俄使库朋斯齐,夏季辄赁屋常住。库使喜海水浴,客来访者,往往于海滨觅之。余因使署嚣杂,不能安眠,乃于镰仓求一居,得土肥庆藏博士别墅。土肥别墅有二屋,以一假余,屋各有草地相毗连,可通行。土肥自用之园,中有泉石,布置甚幽雅。余屋有楼,三面对山,清秀可爱,闻前此大正生母柳原局曾假寓于此。屋为纯日本式,于夏季尤宜。自东京烦俗之地至,入室辄心神一清,坐视青山,虽久无倦意。土肥为皮肤学专门,汉学甚优,善诗,号鹗轩,与江翊云时相唱和。东京自宅藏书甚富,尝著《中国药考》,搜集古书,引证极详。余每晨趁车至东京,午后五六时归,盛夏则间日一行。星期日馆员辄来游,别墅中未置厨役,膳由彦安自制,以简为主,有时即购日本面代午膳,不备副食。适王鲁璠至,以面进,王笑曰:做学生时食此已厌,奈何今日尚以此饷客。主人笑谢之。乡间生活,余固习之也。

镰仓有古刹圆觉寺,其方丈释宗演,曾游历吾国。时递省大臣野田卯太郎,以通禅学名。某日,与德富苏峰至余别墅,偕访释宗演,即在寺素餐。谈次始知圆觉寺开山祖为中国人。方外人逾海传道,可见旧时日本之信仰佛教,亦取资于我国。释宗演之弟子,为余绘一象,打坐默想,颇有神。野田善画兰,暇辄挥毫,号大块居士,在政友会为总务干事,长于排难解纷,有难问题,得其数言即解决,人谓其得力于禅机云。

余患神经痛,至别墅静养始稍已。其后大地震,镰仓受灾颇重,尚未知此屋无恙否也。余之神经痛,牵及腿部,有时痛剧,竟不能步行。一日,散步痛作,忍痛徐归。忽邻居一小儿,远望余,以爸爸相呼,及近始知误认,乃哭。余笑慰之,无意中痛忽骤止。神经痛之发作,大都因郁阀而起,忽遇此幼儿之天籁,神经转换,遂得暂时霍然。惜人为之病,天然之遇,未能屡期耳。

别墅中日置益曾来一宿。王培孙因南洋中学经费事,至东访余,适余因病在镰仓,亦来小住。抵足谈旧,颇回想当日同学景象。王喜夜谈,余则习于早眠,乡居更甚。王索苦茗,阅书至深夜始就寝。余劝其节目力,竟以习惯未能骤改。近年王患目疾,几不能视,盖受病深矣。家大人来东时,亦偕颂平至别墅,因席地不便,即返东京。诸儿夏假中,每日至海滨游泳,习以为常。夜膳后,则聚坐廊际纳凉,要谈故事以为乐。世事烦剧,在此时已一切忘之,皆别墅之赐也。

三十二、兴津庵之日本料理

兴津为井上馨侯爵游息之地,近年元老西园寺公望亦居此。

井上庖人治膳素有名。井上故后,乃于东京创一肆,号曰兴津庵,室仅两三间,而布置精雅,墙悬井上作字,其他为伊藤、松方诸人所书,并有手卷,内皆维新时名人手笔。入此室者,将以为雅人收藏之所也。日本料理屋,例须呼艺妓侍役,善清谈者颇厌之。是肆定章不得召妓作弦歌。客欲携妓往者,只作为客,不作为妓,故席间无喧扰之声。郭东泉、王稚虹将离职归国,余饯之于兴津庵。郭在东十余年,使署在外宴会,向由郭定座。王素喜外食,尝言有名料理屋,悉有其踪迹。此席由余自定,郭、王咸未知其处。余笑曰:君等为日本通,今日试验落第矣。是夕主客仅郭、王夫妇及主人夫妇六人。进餐由庖人之妇亲自搬运,颇从容有礼。餐共十三品,味美而量少,陆续持至。有时亟于尝试,其妇甫置齐,行礼退,余等已举箸罄其盘矣。是肆料理,老年人甚喜之。大仓喜八郎尝以此庖人治膳宴客,在东京欲料理佳而不为妓扰者,盖首推兴津庵矣。

三十三、轻井泽　伊香保　盐原之游

轻井泽气候高燥,与中国北方相似。地方人情质朴,不若箱根热海等处烦杂,西人来此避暑者,以教士家族为多。西式旅馆,布置尚合宜。一日,余夫妇往游,寓三笠旅馆,同寓者大都为英美妇孺。最有趣味者,膳时菜单,悉用法文名词,客都不辨。无已,乃各置菜单不阅,但以英语之鱼或肉告仆人,仆人往往以菜单所载,依次悉进,无从一一预选。旅馆主人亦听之。可谓趋时过度矣。轻井泽距浅间山甚近,浅间山为著名火山,旧时喷火甚烈,近年已熄,然仍有时鸣动,喷火口尚冒烟,夏期往往有登山一观踪迹者。火口在山顶,周围约合中国六里。某日,旅馆主人与彦安谈及登山事,谓翌日有登山团体,大可往游。彦安遽允之,时余患腿痛,步履尚不能自由。然以妇人有勇,即亦不置异词。至时于夜九时行,有车有马车,若货车震动不能耐。余夫妇用马,所谓用马者,乃两人为马担负,非乘坐也。马背置木鞍,缚两篮于左右,两人各蹲踞其一,轻重不均,则以所携登山用具平称之。时天黑路不平,两人在马背摇荡,若小儿在摇篮中,真生平未经之奇状也。十一时许抵山麓,有乡人茶店,入内稍憩,乡人以木柴煮水,烟满室内,喉鼻几塞。水壶悬于屋梁,垂下与火相接,颇有太古风。旋预备上山器具,各带雨衣、大草帽、水瓶、干粮及山杖等。余带白布帽,大草帽甚薄而轻,彦安乃叠雨帽带之。山路不平,均易草鞋,余等于橡皮鞋上,复加草鞋为底。十二时许登山,必择夜者,取其凉也。夜间往往有暴风雨,是夜幸天气未变,但亦无月光,各持纸灯以行。计自山下至山顶共分三十八段,初登时路尚平坦有树,及逾十段,路渐难行,再进至十五段后,不复见树,一片均沙块,盖由火口喷出者。山上素无行人,因是无山路,沙块甚滑,每一步辄滑下两三步,费力极矣。彦安持山杖,由领路者以手拉杖,余则自后推其背,余之后复有人推余,推挽以进。勉至十七段,彦安尚欲鼓勇进行,余因腿病未愈,不能支持,遂以此为止。时约侵晨,二时许,适大风至,灭灯,余帽亦飞去。幸彦安带雨帽,得分其一。同登日人一队仍前进,留领路者一人伴余等。余等即就山奥处,席地小憩。浅间山本有大小两岭,其小者俗名子山,即在十七段之下。旋风停,稍进食。坐待天明,观太阳自东上升,红光满天,亦巨观也。六时馀下山,有数处路险竟不得行,乃蹲坐滑下。天黑上山时,初未注意及此,上山后,仍由马负余等归。沿路过乡人,余等颇自失笑,乡人则习见不以为奇。至旅馆,约九时,客早餐尚未竟也。即就浴重睡,至午始起。馀人登山顶观火口者,至午后七时馀始归,状甚惫。据言至顶后亦不敢近火口,初无所见,甚悔此一行云。数日内,有对世悲观者竟登山投入火口自尽,后经人得其所遗木屐始知之。觅死所于火山,可谓异想天开矣。

伊香保惟有日本旅馆,风景幽静,楼居远望见海,使人胸襟廓然。馆有温泉,备专用室,无共浴之嫌,是处西人来者较鲜。旅馆纯日本式,别有风趣。山中树木茂盛,多雾,每日必雨,至其地者,有见云不见日之咏。一日,入山深,将穷温泉之源,见多人自树林出,若亟亟归者,询其故,则言前面雾满不能辨路,不久必将雨。伊香保之天候,雨多于晴,故散步时辄遇雨。留三四日,即言归,后未再往。然地方之幽雅,非他处温泉地之有尘俗气者所可及也。

盐原为旧游之地,当时日华学堂尝全体移此度夏,附近名胜,数经访涉。追念旧景,时欲再游。七年春季,以馆务烦扰,思静养数日,偕彦安自上野乘火车至那须,换乘支线约一时许,至站。旅馆满寿屋,以自动车来迓。从前仅公共马车,山路亦高低不平,今则坦然驰自动车,便利多矣。满寿屋为纯日本式,因气候尚冷,游客甚稀,主人知为中国使节,招待极周至。每出入时,辄全体在门口迎送,此为日本旧式敬礼。以过于烦琐,辞之,竟不获。又散步时,主人亦令人随行,虽得其随处说明,然因此颇失自由之乐。寓三层楼,对山涧,坐听溪声,万念俱寂。温泉甚清,浴室亦舒适,惟食物稍简,山中非客盛时,鲜物不运至也。犹忆旧日在盐原时,散步辄携一浴巾,随处有浴池,稍惫即可入浴。时男女混浴,亦不避也。在旅馆中最扫兴者,为东京传来之长途电话。山中闻俗事,所得清趣,亦为之减色矣。

三十四、暴风雨后之景象

六年夏,家大人偕内兄陈颂平来游,寓使署。某夜,忽暴风雨袭至,楼中过道长窗未栓固,为风所启,雨亦侵入。余夫妇亟起视,风力贯进,益以雨点着身,竟未能即闭。时为中夜二时许,忽电线吹断,电灯尽灭,黑暗无光。家大人在隔室,闻声起助,尽数人之力始将窗闭讫。窗外风雨声极大,房屋震动,几若置身狂涛巨浪之中。翌晨天霁,园中惨淡之象,真为生平所未见。大树数十株,咸倾侧倒地,墙篱尽毁,与邻居院落已无界限。最奇者,使署楼屋,外敷红灰,初以为必系砖制,至是灰尽剥落,内身显露,乃知为木制。破屋仡立乱木杂石之中,斯时使署之景象,诚不啻乱离中国之雏形矣。其后东京大地震,使署被焚。适实相寺贞彦自东来,余询其情状,实相寺答称:贵国使署烧得很干净。初闻颇异之,及细思屋为木制,宜屋架之尽焚,不留馀迹耳。此次风灾,各国使署受损最巨者为法馆,法馆建筑最旧,墙篱沿街,自倒坏后,途人咸见其宫室之好。其余日本式房屋,受害者更不可计数。然以较之大地震之火灾,则固未及其百分之一二也。

三十五、美术俱乐部之拍卖

日本旧家之收藏,近年付拍卖者,时有所闻。美术俱乐部经理其事,先两三月,由俱乐部将各品编号,择其尤者缩印之,订为一册,若画报然。凡与古董店熟识者,辄先期送至,册上标明某大家拍卖旧藏,于某月某日在俱乐部举行拍卖,用投标法,定期开标,得标与否,可托古董店员接洽,至投标若干,亦可预征其意见。彼等对于各物之估价,颇能得其中。某日,某伯爵家在俱乐部拍卖家藏古董,日友某约往参观,并先以缩印之图画见示。俱乐部地位颇宽,各物分类陈列。中国名人字画颇有佳者,表装系日本式,其估价至昂,动辄数千元,或逾万。日本人字画价亦不廉,在中国可值数十元者,辄需数百元。自欧战以来,日人以工商业致暴富者(即所谓成金),不乏其人,骤慕风雅,不甚惜赀,因是古董市价大涨。有墨笔菖蒲乙幅,赖山汤题诗其上,而值价须五百圆。又有乃木大将所书立轴,未盖印章,有当时副官证明其为真品,值价须三百圆,可谓物以人重矣。中国磁器不多,日本旧制金漆器(日称莳绘),逸品甚多。余遍观各品,颇欲投一标以纪念此行。卒乃得一木制关羽像,知为某美术家所作,白面长须,锦衣银刀,身段稍矮,则日人之意象使然。询之同往之古董店员,谓投以三百圆,当可得之。余嫌其昂而他物更无从小试,乃姑投一标。数日后,此像遂归余有。家人见者,谓不过值二三十元。及携归京沪,友人闻其价,咸嗤之。其后以保存未善,面像稍损,付之拍卖,国人无识者。其结果仅得六金,抑亦此像之不遇时矣。

三十六、招待三党

日本是时政党,分为三党:一政友会,原敬为党首;一宪政党,加藤为党首;一国民党,犬养毅为党首。宪政党后改为民政党。国民党为第三党,人数不多,后与政友会合并。立宪国由两大政党,交迭执政,本为原则。然日本尚以超然内阁为有力,而党员意见不合,又时时分离组织小党,与英美之政党情形,其程度尚悬殊也。

六年夏,宴请各党干部,特分为三日,盖虑政见不同,席间不能尽欢耳。第一日为政友会,到者十馀人。野田卯太郎于席后,挥毫其得意之兰,并制为和歌,颇有禅味。余适患腹疾,第一日勉强支持。次日泻更剧,而宴请日期,于两星期前预行约定,不能临时更改。又因各党关系,交际之间,更不能稍示区别。不得已,终日偃卧,至夜乃起,服临时止泻之药,席间仅以葡萄酒维持元气,不敢举箸,并不令客知有病,诚苦事也。外交官于交际一事,有时真有极为难之处。某日为宫中宴,适患咳甚剧,临时辞退非礼,而席间咳作,又虑失仪,乃与医生商,服一种止咳之药,可有三小时之效,逾期咳即再作,固非根本治法也。又某日海军省宴会,是日腿痛大作,几不能立,而宴会时大都立谈,乃临时请医注射止痛针以往。凡此扶病酬应,人生之不自由,无逾此矣。第二日为宪政会,加藤因病未到,干部诸人咸列席。席散签字,若槻礼次郎为书拉丁文,"平等、自由、正义"三字。若槻于加藤殁后,曾继续组阁。第三日为国民党,犬养之为民党首领,奋斗已数十年,与板垣退助、尾崎行雄诸人,均为主张民权之始祖。屡经困苦艰难,不改初志,惟以生平廉洁,党费不充,因是未能成为大党。可知东方各国之言党,大都以利合,非以义合也。余于留学时代,即识犬养,后归国受伤,犬养函慰,谓"政治家之生活,本出入于受人攻击之中。仆从前为党至地方演说,无一次不遇暴动。今之犹生者,盖幸耳。君大可作如是观云云"。其旷达如此。

三十七、西京之游

七年冬,余夫妇作西京之游。西京为日本旧都治,称为京都。

气候较东京为寒。以自动车驰琵琶湖侧,风景萧瑟,游人绝迹。宿京都旅馆,旅馆承大正即位大典接待外宾之后,室中布置,尚大半存在,用品颇华丽。此游以室外游览,于气候未宜,因参观美术制造及其荟萃之处。京都最著名之美术品,为金漆器,其名为莳绘。古来诸侯府第陈设及随身使用,以此品为多。制作精美,其漆胎若福建沈漆之轻,而绘画及外层光泽,更优于沈漆。一品之成,或司绘,或司敷漆,或司加金,经过专门手数人,费时数年或数月,务求其精,不以为倦。日本博物馆及美术馆尚搜集漆器,颇似中国之搜集磁器也。余等参观其工场,分门别类,据云:“制法传自古代,近更参以科学,故新制品不逊于古时。”中国美术品之制法,近来失传者甚多,益以历年兵燹,人心惶乱,名匠亦无由造成。凡美术之发达,都在太平时。清代磁器,以康雍乾为最优,即其明证。京都有清水窑,若中国之龙泉,余定制餐器全套后携归使用。客见者咸以为中国古磁,可见其仿造之巧矣。日人以东方古董运销欧美者,以山中商店为最巨,世界各大埠,均有分号。尝至其西京分号一览,规模之宏大,陈列之丰富,几疑为博物馆之一部。中国古董,居其多数,精粗毕备,令人迷目。间有在中国仅闻其名者,至此得实见之。中国商家不能合群组织大公司,无此气魄也。

三十八、归途游记

八年四月十一日,自东京启程归国。计自五年夏抵任,将满三年。屡请解职,不获允。经百方疏通,是时始得假归觐,然事实上无再来意,他人亦知之。行期发表后,请饯者纷至。余不欲困于酒食,仍与前年在北京将行时同,一律辞谢。铁道省来询日期,为备专车。木下局长派儿玉运输长来接洽,乃与商定绕道宫岛别府等处游程。儿玉后至北京,充观光局主任,其兄即伯爵儿玉秀雄。临行前日方友人因未设饯,各以纪念品为赠。松方元老及加藤高明诸人,皆先来使署话别。此数日间,整理行装,接晤宾客,并交代使署事务,自辰至暮,无片刻余暇,生平从未有如此之烦也。及行期,馆员等咸先时至车站候送,诸儿亦先发。是时全馆阒然,除门役外,竟无一人。余夫妇在馆中视察一周,颇生物集必散之感。

至车站,外交团及日方公私友人来送别者,约数百人,益以各新闻社摄影。进站时,四面酬应,几有应接不暇之势。忽刘伯襄来,谓闻学生团欲来为难,乃至休息室暂憩。旋庄景高谓警厅已布置妥洽,遂与送别者一一握手,即上车。车中陈列女宾赠花几满。甫启行,各人正脱帽挥巾,不意学生团忽扬白旗大呼。车渐速,声亦渐不辨。退至车室静思,殊不知学生何以对余误解如是。至横滨,庄因代使事下车告别。同行者为廖凤舒夫妇,江子因及章商贤诸人。实相寺夫人旧家在别府,因亦约其偕行,诸儿得伴尤乐。车过西京时,伊泽修二夫人,鸟泻隆三博士,特来送别,同车至大阪始下车。鸟泻为一高时代旧友,在西京大学医科任教授,与余交谊最笃,号五稜生,发明注射药品多种,甚有益于世,盖纯粹学者也。

车至神户,领事、华侨及日本官商来接者至众,略与周旋,即投宿东亚旅馆。旅馆由领署豫定特别室,并悬挂中国国旗以致敬。余一行上下计十人,匆遽间未为仆人另觅旅舍,其后始知亦同占上等室。

诸儿由廖夫妇约游西京,即在西京寄宿。余等第一日由住友公司招待,游六甲山苦乐园,园景甚美,遇片相元博士,亦旧识也。晚领署招饮,时嵇涤笙因假归国,由副领事代作主人。旅馆是晚特备盛餐,外出未能享受,仆人等因同系寓客,均至餐室用膳,闻颇局促不自安。厨子不习西餐,仅食麦色数片,初未知主人之破巨费也。余于三日前电领署定旅馆,领署未注意。于是日起,即将特别室包定,照例虽未住宿,亦须应室费。计余等于十一日晨到十二日夜行,实仅一宿,除晨餐外,均在外用膳。及旅馆开账,竟需七百馀圆,连自动车费,乃达千圆,可谓浪费矣。第二日午刻由吴锦堂在须磨别墅招饮。吴为华侨中首富,已入日籍,别墅在须磨海滨,楼作八角形,高四层。午餐为纯粹中国酒席。客室陈列器具,华式西式咸备。吴虽在海外,对于中国内地善举甚热心,据称平均每年总捐万馀元云。尚有一琐事足纪者,吴家一切日用品,大都为国货,即便室用纸,亦用中国所制粗纸,不用外货。由此推之,亦可见华侨之注意国货。午后三时,住友忠辉夫妇在住吉住宅开茶会。住吉在神户与大阪中间,风景甚佳。住友宅为纯粹西式,并以绣毯见赠。是晚夜车赴宫岛,廖夫妇尚须续游四京,未再同行。

翌晨至宫岛,寓铁路旅馆。是日小雨,冒雨游宫岛神社,警署派人随行。乘汽油船泛湖一周,烟雨迷濛,别有景趣。夜车赴下关,易坐九州铁道车。彦安等先至别府,余借乘大道局长专车,赴八幡制铁所参观。由技师长服部博士导引说明。所长为白仁武。所内有轻便铁道,至各厂时,得乘车行。规模之大,在东洋当首屈一指矣。午后顺道至户畑,参观明治专门工业学校,由松本健次郎陪行。松本为安川敬一郎之子,安川以矿业起家,在九州方面为巨富。近年在中国北方经营矿业,投资颇巨,实相寺贞彦为其代表。是校由安川创办,专养成冶金、应用化学及其他工业上必需各科之学生。延聘名宿,布置试验器具,不惜重资,闻前后捐款达五百万圆。余在任时,特与商定每年送入中国学生十人,寄宿舍附设校内,学风高尚。私立工业学校,在日本全国当无有逾此者。是校后因维持匪易,改归政府官立。松本当时为是校干事,归途至其宅茶叙,庭园甚广,建筑为西式,规模宏大。前厅悬油画一巨幅,闻为欧洲名人所绘。散后,乘火车至别府,已九时馀矣。寓中山旅馆,其女主人曾在东三省多年,林权助颇誉之,特为介绍。旅馆甚幽雅,专接待常住熟客,无众客来往喧扰之病。安川有别墅在别府,翌日招待余等,其别墅已旧,而园景布置优美。是年为安川七十寿,以家族合影之纪念照片见赠,儿女孙甥罗列三十馀人,可谓有福矣。席散,游览温泉发源各处,日人称为地狱。热泉奔涌,温度有二百度以上者,煮米烹茶,均可利用,鸡子则两三分即热,可见其热度之高。在别府一宿,后至下关,易舟渡海峡至釜山,换坐朝鲜铁道车至京城。

京城寓大和旅馆。余因私人旅行,未公式访朝鲜总督,由领署介绍,游览朝鲜宫。宫中壁际绘有凤凰,据闻当时因附庸于中国,故未敢用龙。其建筑悉仿中国宫殿制,惟规模简小,殿中柱亦减少,亦寓不与上国匹视之意。自日韩合并,韩王行动,均由总督府监视。王宫除室居外,准人游览,正殿装置电灯,殿中布置,略参入欧洲趣味,庭园仍东方式。韩人妇女服饰,若中国古代装,喜淡红、淡绿两色,徘徊园中,与红花绿树相映,洵美观也。朝鲜王宫虽小,亦用石建筑,不似日本旧时皇宫之纯用木制。王宫附近,设博物馆一,凡王宫故物及国中贵重之品,均搜集陈列其中,磁器铜器最多,古朴可爱。磁器一种,即现时仿造者,亦有古风,若中国之龙泉窑。前留学归国时,道过京城。是时朝鲜尚独立,政治腐败,通衢大道,污秽不堪。犹忆偶过裁判所,入内参观,适是日无诉讼者,一官箕踞中央,以骨牌为戏,可想见其官纪矣。近年施行新制,一切由日人主持,王室贵族及上等社会,咸抱亡国之痛,若下等贫民,则生活上反稍得享用物质上之文明。此行颇欲一观韩人中等生活实象,乃托人介绍至某宅参观。某宅系中流以上,入门有院,有账席司会计,盖有田产者也。客座铺油纸,非如日本之用席,惟亦席地而坐。铺垫若中国之炕褥,以巨枕置后。冬季取温,则由地下生火。普通房屋皆低小,窗户甚少,空气不甚流通。旋至其上房,室中颇简单,惟有极美丽之高丽橱两具,高与屋齐。厨房尚清洁,悉用铜碗。后院盐菜缸遍满。闻韩人嗜食盐菜,每至冬季,居家者各预备一年之食。盐菜置鱼虾芥辣等品,味盐而腥辣,非久于是地者,断不能尝试。是晚,驻韩各领事会集京城,欲公宴余,乃以试朝鲜食为请。至时赴一朝鲜酒楼,主客共十一人,列席仿西餐式,菜系公共,汤则每人一份。用中国式火锅,每人一具,同时席上列十一个火锅,洵创见也。汤仅白水,加线粉,无味可言。韩人向不食猪肉,所列牛肉、鱼类等品,均不甚合口。至著名之盐菜,自不能下箸。虽属盛馔,竟枵腹而归。至旅馆索食,则厨房已熄火,乃以面包、黄油充饥。侍役谓余等必系赴朝鲜席,故失望至此。据称外人有经验者,大都饱腹后始往一试云。韩人中上社会,酒宴均用中国菜或日本菜,则朝鲜酒楼之无佳味,可想见矣。朝鲜有官妓,称为妓生,是晚亦招数人至酒楼。有乐手四人,各衣红花衣,若中国旧时之鼓吹手,持大锣大鼓,席坐室侧。旋妓至,舞时各易装,先以纸牌标示曲名,舞式飘逸有致。服古装,歌雅曲,颇无俗气也。

  驻韩总领事为富意城,适患郁结病,夜不能眠,服中国药已年馀,胃败而不见效,其家人甚忧之。余谓富曰:"君病以易地为宜,若在任中作此言,君或误会,今已告辞,君盍亦假归一换空气?"富之病,盖因久寓京城,受外部之激刺而成也。

　　自京城启程，仍乘朝鲜铁道车，至安东，入中国境矣。换坐安奉铁路车，此路由南满经营。忆十馀年前，由奉天至安东，为日人所筑一轻便铁路，逾山而行，轨窄车小，费时两日，夜间须下车宿草河口。时为旧历十一月，车窗不严密，车室冷度在零度以下，重裘亦不能耐，困苦殊甚。今则南满用宽轨美国式车辆，华美舒适，大非昔比。快车仅八小时。交通之进步，令人惊叹。此行自东京至奉天，均由日方预备专车，并备行李车随行。惟朝鲜铁道，定章快车不挂专车，特于车中专备座位，亦甚适。中国铁路关于挂车各事，本有定章，惟近年军人专权，以守法为失体面。稍有势力者，往往任意开驶专车，置定章于不顾。交通制度，时受破坏，甚至干路停顿，快车失效，其原因皆出于此。

　　至奉天，寓南满站大和旅馆。张雨亭派员来接，请移寓城内兴业银行，辞之。余与张素未谋面，在使任中，因交涉及留学生事件，时有函札来往。此次晤谈，对于时局，颇率直自述其意见，并以能用人自诩，谓"自己用人，素以人才为主义，从未专用本省人。各省治绩，自以山西为最著，然用人局于山西本籍之人，似范围稍窄。奉省有山西籍之知事二人，正资臂助，现已为山西调回，甚为可惜云"。旋设宴于军署，五时半即晚餐，陪客为本省文武长官，与余同往者为王鲁璠、章商贤二人。王适假归，特自北京来迓。席散甚早，余照西例，饭后与张留谈久之。王、章二人在座，其余陪席之人，则退散无一留者。后问同席某，询其故，则曰："久留多谈，甚虑失言致咎。"于此可见部下之对张，畏其威未感其德也。谈次偶及拟一游福陵，张谓当嘱三六桥照料。三是时任盛京副都统。翌晨以马车往，警厅派人随行，多至三十馀人，盘绕马车前后左右，示保卫之意。出城后马足起尘，竟不能略启车窗，气闷万状。城外更由军队十步站一岗，则更杀风景矣。及至陵，三已早到预候。三固熟友，谢其厚意，并谈及军警保卫之不自由。三谓："清游惊动官场，宜受此扰。武人对于多人随护，本视为固然也。"福陵树木茂盛，离城十馀里，闻近年已辟为公园。归后，三约至城内南菜馆酒叙，乃嘱护警先归，并以三十元为寿。警长谓奉帅命当差，万不敢受。三亦谓此间定章甚严，不必犒赏，但以片给其销差足矣。是晚日领赤羽招饮，张亦与宴，谈及收回领事裁判权事。余谓东省日人甚多，现中国改良法院，似可与日人交涉，先行试办。张颇赞此议。席散，张谓君今晚启行，若在南满站，不能带队随护，故不能亲送，意中颇有主权受限制之憾。余力辞不敢劳动，遂别。临行，张仍命文武长官来送，官场重礼数如此。

自奉天起程，始坐中国车，由京奉铁路备一专车。是日前数时，适有货车相撞，因此车耽搁几小时，至夜八时后始到唐山。时伯初长唐山专门学校，偕内弟枚宜等来接，即下车至校，谒堂上，并见新嫂李氏。先嫂徐氏于六年卒。余一行中，添三龄之第五女德瀛，出门三年，家庭中之小异动也。伯初在校中为备宿舍，以行李搬动多烦，即在车一宿。翌晨，再至校欢叙半日。午后至天津，借住旧德界河边路曹宅，时八年四月二十一日也。在津休息数日，月底赴北京复命，寄寓卫心微宅。卫宅系旧贡院之一部，来访者往往绕贡院一周，不能得其门，见时颇道其苦。未几，即遇五四之役，盖东游之结束矣。

附录一、章宗祥致吴稚晖函
（1901年1月31日）

稚晖先生左右：

　　前奉书，以校课烦冗，未及布复，为罪为罪。书中详论前此游学之弊，言念及此，令人闷恨。使当日诸公得与日本伊藤辈并驾而驱，何至今日。日本派人游学欧美时，适与我国同时。又日本派往各国游历及查察各事务者，时时亦与我国所派之人相值。西人留心东方时局者，辄注意而比较之。祥曾见某书（此书约在三十年前所作）中，西人论支那与日本人之在彼国者曰：支那学生优于语言文字，而不及实学；日本则惟实学是务，而尤能舍短取长，至语言文字反不甚措意。又曰：支那游历员及使馆人员，惟知问船械、枪炮之价若干，他非所知；日本则于此数者而外，尤以讲求立国之本何在，治国之道何在为务（指宪法及各种行政立法而言）。终系以论曰：支那及日本人之区别若此，恐不数年，两国强弱之高下不可以计算。如以上云云，则谓甲午之败，我国始见绌于日本者，非推本之论；优劣之分，其源乃在数十年前，成留学生及游历员之身，不过借此一战，为发泄之地耳。故弟尝谓，吾国之不能变法，非国人之不足与言，乃前此游学生误之，误之而犹不自知，犹复器器然号于众曰：我之所学，中国不能用也。

欺人之谈,乌可为训。若严又陵者,固其翘然特出者,然以水师学生出洋归,而使之办水师学堂,可谓用得其当,而其成效乃如此,夫复何言。其他数有名者(若来书所云),亦不过研究哲学(尚非全部),以之讲理则有余,以之办事则立致丛脞。东人谓吾国数千年来,但有哲学而无政治之学,故国民无政治思想(中国言政之书,讲中学者,必谓确凿可据,然此但可谓之政理学,仍属哲学之一部,以云政治学,非其伦也)。寥寥诸人之中,其无杰出者,或有可言。至南洋各岛及美洲各埠,吾国少年子弟入彼国学校者,不知其数,而其所习,其一乃在语言文字,其二则为法律。法律有二种,一形质,一精神,此其形质而已(亦能充当律师)。若等而上之,所谓立国之本、治国之道者,未有顾问者也。推原其故,无政治思想而已。其但知语言文字者,固不足论,即习法律者,亦不过思充一律师,为外人用而已。我是何国之人,我国是何等之国,当用何等之学问,非其所知也。犹之我国之人,无文明思想,故即上海一隅,西人治租界,虽极整齐,而与之比邻之中国界,则若自天堂至地狱。谓中国人不喜西法者,非也,西法之善,非其思想所及也。思想之差异,所失者一间,而其终乃至不可究诘。时至今日,亦不暇责人,但愿二十世纪所谓政治思想者,发见吾国民之脑中,则改革不足言也。至东西文字之不同,游学其国者,固有难易迟速之别,然使思想既到,则获益亦必无甚差异。何也?所谓学问者,求之书籍者半,得之阅历闻见者亦半。西为文明之根,其规模必更有可观,所获必大,将来办事气局亦必不同。此其显然者也。二伯此行,必可为吾辈增色,虽非亲逢其盛,亦颇为公学祝也。弟近甫进大学,略窥门径。自此以往,所学习者,均非吾国古书所有,为新世纪之人,居然得讲新学,敢不自勉,以副故国诸君子之望。草草,即颂起居。并希时惠数行,俾稍悉故国形状,尤感。弟宗祥再拜。一月三十一日。

（此函录自"吴稚晖档案"复印件）

附录二、章宗祥致吴笈孙函
(1919 年 12 月 19 日)

士湘先生阁下:

久未通候,系念良深。比维筹祉增绥,至祝。迩者新阁告成,想府院政模更臻妥洽。祥津居数月,尚称静适。上月偶患感冒,近幸渐愈。读书、散步之外,更无萦绕。惟外游之念无时或息。夏间在北海时,曾与执事谈及,颇得同情。嗣谒见首座,亦陈素志,当荷赞许。现年终已届,闻欧游船位极挤,动须数月以前预定,否则往往延搁经年。祥意在以个人资格,考察大战后之政治社会情形,冀得目击最新各种问题,为国家贡献,一面并藉以疗养病躯。颇欲私费周游,而各国物价昂腾,同行尚须侣伴,为力实虞未及。知蒙相爱,用敢渎陈,倘蒙代陈首座,准予援照梁、叶、吴诸君之例,由财部酌拨旅费,俾得成行,曷胜铭感。可否之处,统希酌核见复。至幸。专泐,敬请日安。弟宗祥顿首。十二月十九日。

(此函录自《北洋军阀史料·徐世昌卷》第 9 册)

图书在版编目(CIP)数据

章宗祥游学游历四种／韩策整理. -- 上海：上海
古籍出版社，2024. 11. -- (近代中外交涉史料丛刊).
ISBN 978-7-5732-1335-8

Ⅰ. C52

中国国家版本馆 CIP 数据核字第 2024EB3306 号

近代中外交涉史料丛刊

章宗祥游学游历四种

韩　策　整理

上海古籍出版社出版发行

(上海市闵行区号景路 159 弄 1-5 号 A 座 5F　邮政编码 201101)

(1) 网址：www.guji.com.cn

(2) E-mail：guji1@guji.com.cn

(3) 易文网网址：www.ewen.co

浙江临安曙光印务有限公司印刷

开本 890×1240　1/32　印张 8.875　插页 3　字数 199,000

2024 年 11 月第 1 版　2024 年 11 月第 1 次印刷

ISBN 978-7-5732-1335-8

K·3702　定价：48.00 元

如有质量问题,请与承印公司联系